O DESAFIO DO SEU NEGÓCIO É VOCÊ

FABIO ULIANA
O DESAFIO
DO SEU NEGÓCIO
É VOCÊ

DESCUBRA O QUE IMPEDE O SEU CRESCIMENTO
E ACELERE SEUS LUCROS

map

Produção Editorial:
Tatiana Müller

Capa:
Rafael Brum

Projeto gráfico e diagramação:
Gabriela Guenther

Revisão:
Marcos Seefeld

Catalogação na Publicação (CIP)
(BENITEZ Catalogação Ass. Editorial, MS, Brasil)

U41d   Uliana, Fabio
1.ed.   O desafio do seu negócio é você : descubra o que impede o seu crescimento e acelere seus lucros / Fabio Uliana. – 1.ed. – Nova Petrópolis, RS : MAP – Mentes de Alta Performance, 2022.

ISBN : 978-65-88485-12-5

1. Autoajuda. 2. Crescimento profissional. 3. Empreendedorismo. 4. Gestão de negócios. I. Título.

06-2022/34   CDD 658.421

Índices para catálogo sistemático:
1. Empreendedorismo : Gestão de negócios 658.421

Bibliotecária : Aline Graziele Benitez CRB-1/3129

Todos os direitos reservados. Nenhuma parte desta obra pode ser reproduzida ou transmitida por qualquer forma e/ou quaisquer meios (eletrônico ou mecânico, incluindo fotocópia e gravação) ou arquivada em qualquer sistema ou banco de dados sem permissão escrita da Editora.

Luz da Serra Editora Ltda.
Avenida Quinze de Novembro, 785
Bairro Centro - Nova Petrópolis/RS
CEP 95150-000
loja@luzdaserra.com.br
www.luzdaserra.com.br
www.loja.luzdaserraeditora.com.br
Fones: (54) 3281-4399 / (54) 99113-7657

SUMÁRIO

Introdução: O legado do meu inconformismo **9**

Capítulo 1: Sinto muito. Seus olhos estão vendados! **23**
    A Miragem da Janela **26**
    A Miragem da Ordem **27**
    A Miragem da Espera **28**
    A Miragem do Salvador **28**
    A Miragem do Ocupado **30**
    Momento de consolidação **34**

Capítulo 2: Você conhece seus inimigos? **37**
    Inimigo 1: O acomodado **39**
    Inimigo 2: O centralizador **40**
    Inimigo 3: O desfocado **42**
    Inimigo 4: O iludido **45**
    Inimigo 5: O pequeno **46**

Inimigo 6: O pessimista **47**

Inimigo 7: O vitimista **49**

Inimigo 8: O dificultador **51**

Inimigo 9: O perfeccionista **52**

Inimigo 10: O procrastinador **55**

Atenção: o inimigo nunca vem sozinho! **56**

Momento de consolidação **60**

Capítulo 3: Prepare-se para navegar no mecanismo das conquistas **65**

Torne-se quem deseja ser.
Materializar é consequência! **68**

Domine o mecanismo das conquistas **73**

O poder das habilidades comportamentais **78**

Entenda o setup a instalar **81**

Momento de consolidação **86**

Capítulo 4: Ative a mentalidade vela **91**

Passo a passo para ativar a mentalidade vela na sua rotina **93**

Momento de consolidação **112**

Capítulo 5: Os dez princípios da mente imparável... 117

    Princípio 1: Sonho master **119**

    Princípio 2: Ancoragem da disciplina............................... **121**

    Princípio 3: Sonho consciente **124**

    Princípio 4: Ser, fazer e ter **127**

    Princípio 5: Efeito convicção... **129**

    Princípio 6: Ponto de atenção calibrado......................... **132**

    Princípio 7: O olhar consciente **135**

    Princípio 8: O mecanismo PPF (presente, passado e futuro). **137**

    Princípio 9: Proximidade é poder..................................... **139**

    Princípio 10: Gratidão antecipada.................................... **143**

    Momento de consolidação **149**

Palavras finais: Agora é partir para a prática!............ 155

Dedicatória

Muitas pessoas contribuíram com a caminhada de construção dessa obra e contam, sem dúvida, com a minha genuína gratidão e reconhecimento. Mas, nesse espaço, eu preciso prestar uma homenagem especial a quem é a razão de existir das próximas páginas. Eu falo de Maria Francisca Persone e Edison Casari Uliana, que tenho orgulho em chamar de Mãe e Pai.

A eles eu dedico esse livro, por terem sido minhas maiores inspirações, meus professores de vida. Com essas pessoas, aprendi o que há de mais importante para a nossa existência. Juntos, vivenciamos o amor, a importância da família e da retidão de caráter. Meus queridos pais, vocês são a base de um trabalho capaz de impactar milhares de vidas e que, agora, está imortalizado neste livro. Nada disso existiria sem o muito que aprendi com vocês.

Gratidão Eterna!

INTRODUÇÃO

O LEGADO DO MEU INCONFORMISMO

Você já se deparou com duas pessoas que, apesar do acesso aos mesmos recursos, atingiram resultados totalmente diferentes? Eu posso apostar que sim. Pois bem. Inquieto como sou, me propus a investigar e entender os motivos por trás desse panorama, e essa reflexão deu origem ao livro que está agora em suas mãos.

As próximas páginas materializam um método que surgiu no encontro de dois pontos cruciais e que me compõem, como pessoa e profissional. O primeiro deles é a minha própria trajetória, criando e liderando negócios. Depois, vem meu trabalho ajudando pessoas nesse mesmo caminho.

Foi no segundo estágio que me deparei com uma situação que me intrigava profundamente. Falo de existirem, entre meus mentorados e clientes, negócios do mesmo segmento, mercado e perfil de clientela – muitas vezes até com serviços parecidos – cujos resultados destoavam de forma extraordinária. Havia quem explodisse em seus mercados, com alta velocidade, enquanto outras pessoas demoravam a atingir resultados. Os frutos vinham para ambos, mas num *timing* bastante diferente.

Como era possível, por exemplo, haver reflexos díspares para duas lojas de roupas que estavam aptas a adotar o mesmo conjunto de conteúdos, estratégias e ferramentas que eu entregava, habilitando-as igualmente a jogar o jogo?

Era necessário encontrar o porquê. Meu foco estava em ver todos os participantes dos meus programas voando alto e no modo turbo. Na busca desse motivo, resolvi realizar um trabalho ao qual poucos estariam dispostos. Decidi investigar a fundo o exato perfil das empreendedoras que lideravam justamente as duas lojas de roupas sobre as quais acabei de falar. Eu pensava: "Preciso entender o que elas estão fazendo!".

Após ter conversado com as duas, cheguei à conclusão de que a cilada do negócio que não estava evoluindo eram os elementos comportamentais da empreendedora. Havia nela um pouco de um Fabio antigo, que experimentou uma crise profunda. De outro lado, os resultados velozes estavam acontecendo para a cliente que já pensava, agia, se comportava, tinha uma visão de vida alinhada ao Fabio que deu a virada. Eu entreguei a estratégia e *bingo!* Ela bombou rápido. Consegue imaginar quão maluco era me enxergar nas histórias dessas pessoas que eu ajudava?

Foi intenso e motivador, porque eu conseguia prever exatamente as sensações e obstáculos que a mente delas enxergava. Por sinal, vale a pena explicar isso um pouco melhor.

O NASCIMENTO DO MÉTODO

Tenho um DNA absolutamente empreendedor e sempre fui intenso em investir no conhecimento de técnicas e estratégias voltadas à inteligência dos diferentes negócios dos quais estive à frente. O lance é que, no decorrer da minha jornada empreendedora, ficou claro que isso não era suficiente para grandes níveis de resultado. Eu fui juntando peças do que estudava, descobria e testava, e percebendo claramente a existência de elementos da mentalidade, do jeito de ser, da forma de agir e pensar, que precisavam ser agregados ao meu conhecimento técnico, para eu atuar no alto desempenho e alcançar o que sonhava. A prova final veio quando esses traços mentais, emocionais e comportamentais se tornaram a chave para uma guinada que vivenciei, me tirando de um cenário bastante delicado num dado momento da vida. Foi aí que surgiu o Fabio apto a ajudar outras empresas.

Sempre fui muito bom em aplicar inovação e inteligência estratégica à liderança de negócios, por isso, passei a usar essas ferramentas com outros empreendedores, alavancando empresas e levando pessoas aos próximos níveis. Assim, foi se tornando perceptível que a velocidade que as pessoas atingiam seus objetivos estava relacionada a dilemas emocionais e comportamentais, como tinha acontecido comigo. Mas era preciso ter total certeza do que, até ali, era uma suspeita. Então, eu e meu time desenvolvemos uma pesquisa focada em validar essa hipótese.

Foram milhares de pessoas ouvidas – e tudo se confirmou. Ficou claro que o principal ponto de discrepância na rapidez com que meus clientes e mentorados bombavam estava neles próprios. Os problemas, via de regra, não eram as estratégias, os colaboradores, os processos, mas a mentalidade de quem liderava os negócios.

Havia padrões de comportamento que funcionavam como âncora – travando os processos de realizações e conquistas – ou como vela – habilitando ao alto desempenho. Eu começava a entender o mecanismo que mantinha as pessoas presas a resultados distantes do que elas sonhavam.

E tinha outro detalhe. Não se tratava de dificuldades e obstáculos complexos de resolver. Eu me deparava com gente que se julgava incapaz, pequena, que não permitia que as coisas fluíssem para materializarem conquistas e sonhos. Mas era possível regular essa engrenagem, inverter a visão e ajudar essas pessoas a alcançarem seus sonhos e se tornarem acima da média.

A partir desse levantamento, mapeei elementos mentais e comportamentais capazes de fazer a diferença. Eles faziam muito sentido quando submetidos a critérios como os meus estudos sobre desenvolvimento pessoal e a trajetória de pessoas de grande sucesso. Isso sem contar o meu próprio percurso. Eu via, com uma consciência ainda maior, que percalços enfrentados antes de ser uma pessoa de sucesso foram peças pregadas pelo perfil comportamental que eu mantinha naquele período. O meu jeito de ser logicamente tinha sido uma trava para grandes resultados, até que meu universo mental foi trabalhado, me tornando alguém habilitado a sonhar e conquistar. Estava, então, traçado o princípio do método que sistematizo neste livro.

Obviamente contei com mentores incríveis nesse percurso, e por isso senti que era hora de, da mesma forma, colaborar com outros empreendedores. Então, passei a entregar aos alunos e clientes o que essa investigação tinha mostrado, num módulo de conteúdo específico sobre mentalidade imparável. E foi surpreendente o que aconteceu!

O que poderia ser um arremate de programas continuados, um conhecimento complementar, potencializou demais o que eu ensinava sobre estratégia. Vi gente chorando por se identificar com o que apresentava. E o melhor era que essas pessoas estavam se flagrando do que as impedia e passando a se comportar de forma diferente. Então, estava nítido: *"tem algo aqui que as pessoas precisam!"*.

A HORA DO BASTA!

O que tinha mudado a minha vida também estava transformando a jornada de outras pessoas. Sem dúvida, eu tinha encontrado um caminho a compartilhar. Era preciso acabar com os ciclos que mantêm pessoas aquém do seu potencial e das vitórias que buscam. A boa notícia é que existe um conjunto de recursos de virada de *mindset*, que não são complexos de implementar e simplesmente mudam a vida.

Nesse livro, você vai ter acesso a esse mesmo conteúdo que entrego a grupos fechados de acompanhamento. Afirmo, sem medo de errar, que essa obra existe para romper com a sua zona do desconhecimento, lançando luz sobre o que você sequer imagina que não sabe. E perceber que não conhece algo é o primeiro passo da trilha do real conhecimento. Você percebe que desconhece, parte para o entendimento da dinâmica, vai incorporando e dominando os conceitos, até torná-los presentes.

É como uma criança que não tem noção sobre o que é dirigir. Está em total ignorância, na acepção da palavra. Mais tarde, ao entrar na autoescola, surge a compreensão do que é o carro e do processo de guiá-lo. As aulas práticas e teóricas são a tomada de consciência sobre o processo de direção. A pessoa começa a dominar a dinâmica. Por fim, com a prática, isso acontece sem pensar. Trata-se de alguém que simplesmente sabe dirigir.

Assim é com quem ainda não domina o mecanismo das conquistas. Tome como exemplo um arquiteto que tem feito mais e mais cursos de aprimoramento técnico na sua área profissional e não sabe que o real caminho para explodir resultados passa por outros elementos. Na imensa maioria dos casos, falta inteligência estratégica para o negócio, além da mentalidade imparável para o empreendedor.

O objetivo primordial deste livro é ajudar você a perceber se está enredado nessa armadilha, que pode durar uma vida inteira se não for desarmada. Esse despertar de consciência é o que torna possível o segundo grande tema, que é desenvolver as competências e habilidades que colocam você no rumo certo. O percurso é mais ou menos o seguinte:

PONTO 1:	PONTO 2:	PONTO 3:	PONTO 4:	PONTO 5:
Despertar	Autopercepção	Descoberta	Nova postura	Novos hábitos
Acordo e entendo que tem algo errado	Me flagro tendo atitudes que me prendem e impedem de seguir	Descubro o que realmente funciona	Adoto e implemento um novo jeito de ser	Transformo essas novas posturas em hábitos

CAMINHO PARA O SUCESSO E CONQUISTAS PERMANENTES

Por isso, o fundamento de todo o meu trabalho, também presente neste livro, tem por base esses dois pilares que acabei de citar: tomada de consciência e desenvolvimento de competências. Primeiro, é preciso que você descubra os motivos que não te permitem atingir seu potencial máximo. Com essa percepção bem calçada, vem o passo a passo do método. Você desperta e calibra a mente para rodar na engrenagem de sucesso.

O caminho que descobri, e que agora você vai percorrer comigo, é como mostra o diagrama:

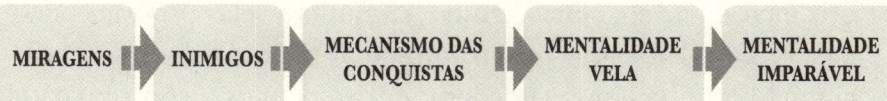

Não tem nada complexo, porque simplificar é um verbo que me define. Por sinal, uma das minhas habilidades é transformar coisas complicadas em algo didático, acessível, aplicável e compreensível para qualquer pessoa.

Esse livro é para quem:

- Cansou de não alcançar metas e realizar sonhos.
- Quer entender por que outras pessoas do seu círculo são conquistadoras.
- Procura uma virada, porque se percebe numa vida medíocre.
- Sente que pode mais, mas não consegue subir a régua.
- Atingiu patamares ótimos, mas busca o extraordinário.
- Quer conhecer pontos diferenciais que levaram aquelas pessoas inspiradoras a tamanho desempenho.

Não se trata de uma simples leitura. É um convite para uma experiência, com direcionamentos claros e firmes para rodar a engrenagem do que eu chamo de mecanismo das conquistas. O foco é ampliar a percepção, numa rota que faz da autoanálise o antídoto para deixar para trás, de forma consciente, o que impede o percurso de vitórias constantes e a conquista dos sonhos e metas.

E como tudo que a gente cria jamais está separado da nossa trajetória de vida, vale a pena contar um pouco mais sobre mim. Imagine alguém desde muito cedo incentivado a pensar, descobrir, investigar e, acima de tudo, caminhar pelas próprias pernas. Esse é o Fabio que desejo apresentar melhor a você. Eu nasci numa família empreendedora, e friso demais a contribuição disso para o faro que hoje tenho em analisar e agregar inteligência na minha e em outras empresas. Meus pais e nossos negócios foram, sem a menor sombra de dúvida, a melhor e mais grandiosa escola de negócios e vida que tive.

Puxando bem pela memória, consigo lembrar direitinho de, ainda pequeno, estar com eles na loja de materiais para construção, que foi uma das principais atividades que tivemos. Por isso, desde criança, eu já buscava possibilidades, visualizava caminhos para fazer melhor e ter mais resultados. Logo depois, bem jovem, fui trabalhar com a família e já pensava "O que podemos fazer para vender mais? Que ações vão estimular o vendedor a bater meta? Como diferenciar linhas de produtos?" e por aí vai.

Ou seja, empreender faz parte da minha essência; é um caminho que me construiu, pela própria formação familiar. Não tinha outro jeito. Eu me apaixonei por esse jogo de experimentar modelos de negócios e testar ideias disruptivas. E nesse caminho fiz um bocado de coisas que me encheram de referências e descobertas. Já atuei com comércio, indústria, serviços, eventos, festas... já participei de todos os tipos de negócios que você possa imaginar.

É uma história feita de colocar empreendimentos em pé e fazê-los funcionar. Alguns desses percursos deram super certo, outros, muito errado. Eu ganhei e perdi dinheiro, bem como acontece com todo o mundo que coloca a cara a tapa. Ser forjado no jogo dos altos e baixos do empreendedorismo é o que habilita o Fabio Uliana de hoje a liderar um negócio e colaborar com inovação, visão estratégica e inteligência, mentorando outras empresas e líderes.

Mas preste bem atenção no que vou frisar agora. Eu não estou dizendo que o mecanismo das conquistas é só para empreendedores. Sucesso não tem jeito certo ou errado. Tem a sua forma de trilhar e embarcar na jornada rumo à conquista dos sonhos que seu íntimo alimenta.

Eu sempre curti a perspectiva de ser dono do meu nariz e ter mais liberdade. Mas esse é um caminho para quem se dispõe a graus um pouco maiores de risco. Ainda mais em se tratando do Brasil, onde há um mar de oportunidades para empreender, mas muitos desafios nesse percurso. E está tudo bem se você fica mais confortável com a estabilidade que um emprego proporciona.

Tenho amigos que são executivos em excelentes empresas, que contam com a retaguarda de uma marca consolidada e empreendem no negócio dos outros. Profissionais antenados dominam o jeito moderno de atuar com senso de dono do negócio, inclusive nas empresas de outras pessoas. É o que os posiciona fora da curva. Isso, por sinal, tem feito com que a cultura do intraempreendedorismo fique cada vez mais valorizada, porque profissionais solucionadores e inovadores não têm preço, só valor.

No fim, o que conta de verdade é você ser alguém disposto a fazer o que precisa ser feito, com coragem e confiança. Eu revelo, neste livro, o que me levantou de um dos momentos mais obscuros e difíceis da vida, me impulsionando a crescer e ser vitorioso. Meu método nasceu no campo de batalha. A crise, verdadeiramente, me moldou e possibilitou descobrir um caminho de sucesso que compartilho com você nas próximas páginas.

Sucesso não tem a ver com linearidade, com aquelas rotas em que tudo deu certo. Os vitoriosos são, em sua maioria, aqueles que em algum momento aprenderam a superar uma adversidade real, aquela que pega a gente de jeito e torna obrigatório encontrar saídas, soluções.

Foi assim com muitas das pessoas que você admira. Hoje, elas estão no palco, brilhando. Mas houve bastidores com percalços dos quais não se faz ideia, e lá elas encontraram a chave para chegar àquele patamar tão alto. Nesse contexto, não importa o motivo de alguém ter ido à lona – pode ter sido uma doença, o negócio falido, o relacionamento que ruiu, a perda de alguém querido. O que importa é que não há quem segure a potência de um ser humano que se recompôs e deu a volta por cima.

Não é à toa que, para firmar sociedade, fechar negócio e até contratar colaboradores, eu sempre faço a seguinte pergunta: "você já teve algum fracasso na vida?".

Eu dou muito valor a quem se reergueu, pois vejo coisas potentes nascerem dos momentos de reconstrução. Nem podia ser diferente. Eu senti isso na pele. No meio de um turbilhão, aprendi o novo jeito de ser que se tornou uma metodologia para apoiar pessoas na construção do sucesso.

O desenvolvimento da mentalidade imparável faz de empreender e do jogo da vida algo mais fácil e seguro, num processo em que ações e resultados ocorrem com maior velocidade. Se é isso que você quer, siga para as próximas páginas.

Mas há um alerta necessário

Eu realmente fiz a minha parte, só que a sua também precisa ser feita, ok? É a condição para a virada funcionar. Do contrário, esse livro vai ser letra morta e um objeto a mais na sua prateleira. Não quero isso, de jeito nenhum. Mas eu também sou consciente de que não há como mudar alguém. É fundamental que o indivíduo queira por si próprio expandir seus horizontes.

E aí vem outro ponto crucial. Você é daquelas pessoas que já ouviu que é preciso escrever a meta, mas ainda não criou coragem para fazer isso? Comece a repensar essa postura antes mesmo de seguir para a próxima página. Saber e não fazer é o mesmo que não saber.

O QUE IMPORTA É QUE NÃO HÁ QUEM SEGURE A **POTÊNCIA** DE UM SER HUMANO QUE SE RECOMPÔS E DEU A VOLTA POR CIMA.

@pimenta_digital

Falo isso porque a medida do meu e do seu compromisso com novos resultados precisa ser a mesma. Inclusive, eu desaconselho pessoas perceptivelmente descomprometidas a entrarem nos meus programas. As melhores conquistas são para pessoas com alto nível de atitude e que não se prendem a obstáculos. Elas decidem fazer acontecer e agem a partir das condições que possuem.

Se você é alguém de atitude, desejando extrair mais da vida, se sente que merece e quer alcançar algo a mais, vem comigo! Você nasceu para ter sucesso e acessar tudo de grandioso e abundante que o universo tem a proporcionar. Eu quero te ajudar a entender o que faz sua colheita menor do que poderia e deveria. Vamos romper com o que te impede de alcançar todos os sonhos pelos quais seu coração vibra.

Minha missão é fazer da sua mentalidade uma parceira de jornada, trazendo você para o mecanismo que gera pessoas vencedoras e acima da média. O mapa está aqui e vai funcionar para quem está decidido a ter liberdade, no sentido mais amplo. O trunfo de quem roda no mecanismo das conquistas é entrar no restaurante e escolher comida e bebida pela preferência e não por preço, proporcionar à família as experiências que sonha, ser geograficamente livre para se locomover. Eu experimento isso, vejo pessoas nessa trilha por aplicarem meu método e desejo esse estilo de vida para você!

Vou ainda mais longe: as páginas dessa obra registram o empenho da minha vida; o conjunto de conhecimentos e experiências que construí ao longo da minha jornada que, se pudesse, gravaria num chip e transferiria para os meus filhos, com tudo que descobri sobre um caminho vitorioso. Você está tendo acesso a nada mais, nada menos, que o meu legado, já que seria egoísmo restringir esse aprendizado a mim e a minha família.

Vamos juntos?

Permanecer na amargura, com o hábito de cultivar internamente a negatividade, quando na verdade se deseja mudança, é a receita para que nada melhore. E o motivo é simples: TRANSFORMAÇÃO é sempre de dentro para fora, nunca o contrário.

@pimenta_digital

CAPÍTULO 1

SINTO MUITO. SEUS OLHOS ESTÃO VENDADOS!

Como assim, Fabio, você já começa o capítulo com essa provocação? Pois é, querido leitor. É preciso "chutar a porta" para atingir novos níveis de resultado. E não tenho dúvidas de que você vai terminar esse livro pronto para um salto. Afinal, ele é um convite a entrar no ciclo virtuoso das conquistas.

Mas também é fato que o princípio da jornada a que estamos nos propondo será incômodo, e talvez até um pouco doloroso, pelo simples motivo de que mudança exige ruptura. E isso só é possível com consciência e auto-observação. Sem olhar para dentro e enxergar o que ainda não está vendo, você vai continuar repetindo a jornada do fracasso, ou preso a patamares aquém dos almejados.

Então, eu preciso que você pare, respire, e responda – para mim e para si mesmo: de 0 a 10, qual sua disponibilidade em abrir seus olhos de uma vez por todas? Eu espero que sua resposta esteja muito próxima do grau máximo, porque esse é um processo para pessoas corajosas e comprometidas. Sendo uma delas, afirme agora mesmo: "eu me comprometo e estou preparado para tirar todas as vendas de meus olhos".

Não se preocupe: não é pessoal. Você não é o único a passar por isso! Na dinâmica da vida, somos levados a acreditar convictamente em muitas coisas que nos impedem de encarar os fatos. Eu dei a essas crenças o nome de miragens, justamente por nos impedirem de enxergar com clareza os potenciais que carregamos e os caminhos para as conquistas que tanto desejamos.

Afinal, miragem, por quê?

- ❖ **No dicionário:** miragem aparece como o efeito óptico que, a partir da reflexão da luz, cria imagens como a de um lago azul no deserto, por exemplo. Isso também acontece quando, dirigindo à noite e ofuscados pelos faróis de outros carros, somos levados a confundir acostamento com estrada.

- ❖ **Metaforicamente:** falamos de algo que parece muito bom, mas não é real. É uma referência a ilusões ou falsas verdades sobre as quais depositamos confiança e energia, muitas vezes durante uma vida inteira.

Percebe o quanto é importante trazer luz para convicções que se instalaram em você e podem estar te travando? Esta é a proposta deste capítulo, onde apresento algumas miragens sérias que mapeei na minha jornada como empreendedor e mentor, e nós vamos juntos identificar se elas estão no seu caminho.

Portanto, desarme-se! Abra mão dos medos e prevenções e faça os exercícios propostos. Vai valer muito a pena. Isso é o que chamo de primeiro passo para o flagra. Não perceber as armadilhas nas quais está caindo é uma conduta que apenas alimenta os velhos ciclos, gerando os mesmos resultados. Sem a decisão de refletir sobre esses pontos e romper com a dinâmica, não há avanço!

A Miragem da Janela

Gosto de traçar uma analogia para falar dessa primeira e importante ilusão. Pense que numa determinada casa está a solução para um problema específico, mas o morador insiste em olhar para fora, buscando algo que resolva sua angústia. O resultado? Obviamente, a saída nunca é encontrada, e não há empenho em mudar nada.

Sob o prisma do nosso universo emocional, falo da postura daquele indivíduo condicionado a fatores externos. Muitas pessoas acreditam que o novo emprego, casa, carro, é o que vai estimulá-las a mudar e, até mesmo, trazer felicidade. Mas o fato é que tudo começa no universo interno. A solução está dentro de nós, e insistir em não mudar internamente é estar preso a um *looping* que não se desenrola.

Entenda que o caminho para que mudanças se apresentem na realidade externa precisa começar com você olhando para dentro de si mesmo. Esse é o primeiro passo. A ilusão de quem está eternamente infeliz com o que vive está em não enxergar que a realidade externa simplesmente reflete nossos pensamentos, os sentimentos a que nos apegamos, a forma de encararmos os problemas e os nossos comportamentos diários.

Tem alguém da sua família que reclama o tempo todo e ainda afirma que "se tivesse outro carro viveria uma realidade completamente diferente"? Ou é você que se pega pensando dessa forma? Sinto em dizer, mas isso significa estar imerso na miragem da janela. E sabe o que é pior? Essa convicção mantém seus olhos vendados e ainda reproduz eternamente a droga de vida que você experiencia.

Permanecer na amargura, com o hábito de cultivar internamente a negatividade, quando na verdade se deseja mudança, é a receita para que nada melhore. E o motivo é simples: transformação é sempre de dentro para fora, nunca o contrário.

A Miragem da Ordem

Esse outro elemento que bloqueia a visão, nos impedindo de ir além, é bastante relacionado ao anterior. Eu me refiro ao pensamento: "assim que tiver determinada coisa, serei isso ou aquilo". Na busca por novos patamares, é fundamental ter presente a efetiva ordem das coisas, que segue a linha:

SER ▶ FAZER ▶ TER.

Percebe que a crença em ter para ser subverte totalmente essa equação? Mais uma vez, está estabelecido o ciclo vicioso da falta de resultados.

> **Seja um rei e um reino lhe será dado.**
> **A realeza do ser precede sempre o nascimento de um reino.**
>
> Frase do livro *A Escola dos Deuses*[1]

Essa frase inspiradora deixa claro que não há como conquistar algo sem antes termos nos tornado o que desejamos ser. É preciso estar pronto emocionalmente, energeticamente, fisicamente, para atingir qualquer objetivo. Olho vivo, portanto, para não cair nessa inversão.

---

[1] D'ANNA. Stefano Elio. *A Escola dos Deuses*. São Paulo. Barany Editora, 2007. Título original: *La scuola degli dei*.

A Miragem da Espera

Sabe as crenças de que basta esperar, ou pedir e aguardar, para as coisas acontecerem? É a elas que me refiro ao mencionar a miragem da espera. Nada disso funciona – e as razões são bem compreensíveis. Pedir vibra falta, e você só vai atrair mais privação. É o *looping* da infindável escassez. E o que dizer da espera, então?

Confie em mim. Nada vai cair no seu colo. Faça acontecer para que as coisas se materializem em sua vida. Seu grau de atitude é diretamente proporcional aos resultados que irá colher.

Digo muito aos meus clientes e mentorados: "quem planta laranja vai colher laranja". O problema é que muita gente planta morango esperando colher laranja, daí não tem como. Fazer as mesmas coisas com a expectativa de ter outros resultados é insano. Faça, aja, sinta diferente, para alcançar novos e diferentes estágios.

Lembre-se: o "logo tudo melhora" é uma aposta errada. A espera é inimiga das realizações. Você só consegue o que deseja, agindo.

A Miragem do Salvador

Para falar dessa armadilha, preciso, antes de mais nada, confessar que ela já me passou rasteira em muitas ocasiões. Sim, é verdade. Todos estamos sujeitos e precisamos ficar atentos para escapar delas.

E como é tentador confiar que alguém, milagrosamente, vai nos tirar de uma situação complicada, apresentando uma solução mágica para aquele problemão, não é mesmo? É praticamente tirar uma geladeira das costas, depositando nas costas do outro. É por isso que acreditar no salvador da pátria é tão reconfortante.

O porém é que isso jamais vai acontecer – ou vai acontecer raramente. E aí vem a frustração. Acredite. O consultor que você contrata para sua empresa não é quem vai fazer tudo acontecer. O seu psicólogo não tem o papel de resolver seu relacionamento. Esses profissionais, com certeza, apontarão caminhos e alternativas, mas você precisa fazer a sua parte.

Vamos um pouco mais longe, com o exemplo da consultoria corporativa. Às vezes, essa ajuda profissional surge e encaminha mudanças na empresa. Só que a energia de transformação é apenas do consultor e por isso dura somente o tempo que ele passa ali. Quando o processo termina, a chance de tudo voltar ao normal é enorme, com consequente perda do desempenho. Afinal, a mentalidade do líder não avançou.

Em função disso, acredito e invisto em levar os líderes a novas formas de pensar, para que eles se tornem vetores do próprio negócio. Esse é o caminho para as mudanças efetivas, que conduzem a empresa a novos patamares. Caso contrário, o gestor vai saltar de consultoria em consultoria. E uma dica importante: o exemplo da empresa é facilmente aplicável à sua vida pessoal. O terapeuta direciona seu olhar, mas cabe a você o papel de encaminhar soluções para os problemas íntimos. Portanto, não ameace o seu protagonismo esperando demais pelos outros. A postura de coadjuvante é desastrosa!

Somos 100% responsáveis por nossas atitudes, pelo que vivemos e pelas transformações que buscamos. Apostar no salvador da pátria é se enganar. Você é quem leva a vida e os seus negócios para o próximo nível.

A Miragem do Ocupado

Essa é uma questão bastante presente para os empreendedores e, por isso, é tão importante o alerta que faço aqui. É clássico as pessoas acreditarem que, estando ocupadas, produzem e, assim, atingirão os resultados esperados. Mas essa é mais uma ilusão. Como bem diz aquele velho ditado, "quem trabalha muito não tem tempo pra ganhar dinheiro".

E veja bem: não estou defendendo a teoria da vagabundagem. O ponto é você avaliar se vem trabalhando e se ocupando com coisas que na verdade deveria delegar. No mundo dos negócios, picos de crescimento, ideias brilhantes e insights para novas estratégias ou produtos estão relacionados ao tempo de qualidade investindo estrategicamente. Ou seja, é algo que não combina com tarefas triviais que podem ser repassadas, concorda?

Um gestor que trabalha quatorze horas por dia, do jeito errado, na hora errada, trilha o percurso dos negócios que não sobem de nível e ainda dão chance para o azar. Por outro lado, sobra espaço para quem vislumbra gerenciamento estratégico de tempo com organização e sem se ocupar o tempo todo com a rotina operacional. Novamente, pense sobre isso também com relação à sua rotina em casa, sua qualidade de vida e sua família. Sua dedicação de tempo nessas áreas está direcionada?

Esqueça a falácia de que estar muito ocupado é o caminho para ter mais resultados. Essa inverdade é preocupante, principalmente para os pequenos e médios empreendedores.

Agora, vou compartilhar com você a história de uma mentorada minha, deixando clara a importância de encarar, de uma vez por todas, o que tem vendado os seus olhos. A transformação e os resultados são impressionantes.

A Patrícia me procurou vivendo um cenário de encruzilhada. Ela tinha uma chocolataria e fazia um trabalho de excelência, com um negócio de potencial gigante em mãos. Ela era altamente profissionalizada, inclusive com alguns dos melhores cursos do mundo no currículo. Mas, apesar disso tudo, a empresa não acontecia, não alcançava o próximo nível. Ela atuava muito bem, o produto era de alta qualidade, mas patinava em expansão e lucratividade.

Quando ela me procurou, passei a observar alguns pontos que, mais tarde, me trouxeram a percepção clara de que se tratava de uma empreendedora mergulhada nas miragens que acabei de apresentar a você. Um dos pontos a chamar a atenção, já de cara, foi o fato de que ela mal conseguia acompanhar a mentoria. Estava sempre sem tempo, envolvida com a rotina operacional do negócio.

Ou seja, o tempo investido em olhar para a estratégia, para planejar crescimento e expansão, era zero. Nesse ponto ainda foi possível detectar outra armadilha crucial: a Patrícia partia do princípio de que deveria se focar no operacional, terceirizando o campo estratégico. Em certo momento, ela inclusive verbalizou isso: "Fabio, eu não aguento mais. Mudo de agência de marketing, contrato consultoria estratégica, mas nada muda, de fato, a situação que encaro".

Foram inúmeras tentativas fracassadas, e era lógico que permanecesse assim, pois a mentalidade dela era o fator que a mantinha presa naquele ciclo vicioso de baixa performance. Ela simplesmente jogava nas costas do novo serviço contratado uma responsabilidade da qual ninguém daria conta. Não havia como encontrar lá fora o que acertasse essa engrenagem.

Por sinal, isso voltou a acontecer na contratação da minha mentoria. A Patrícia se mostrou pouco participativa, alegando a boa e velha rotina corrida. Ou seja, começava um novo ciclo de fracasso. Então, me vi diante de uma pessoa de alto nível profissional, com um negócio totalmente credenciado a bombar, mas presa num programa mental que rodava miragens e a mantinha cega e sem conquistas. Nisso, tinham se passado uns três ou quatro anos, com a Patrícia apenas se mantendo e pagando contas, com uma empresa pobre.

Foi quando eu sentei com ela e disse: "olha, vai ser desconfortável, mas eu preciso dizer, o problema do seu negócio é você. Não se trata de trabalhar vendas ou marketing, mas o seu perfil".

Foi a grande virada de chave. Num processo em que eu propus que ela olhasse para dentro, ficou perceptível o quanto a Patrícia era a âncora da chocolataria, por conta das crenças que alimentava. Partimos para uma jornada com foco em construir uma nova postura, refletindo outro jeito de ser, agir e liderar o negócio, livre do que limitava a visão.

Houve ajuste na agenda e no envolvimento dela com a operação da empresa, deslocando-a da posição de funcionária de si própria para a camada estratégica. E o resultado foi uma curva ascendente. Logo o negócio dobrou, depois triplicou, e assim ela segue até hoje, colecionando bons resultados. Ou seja, ela passou a olhar para o espelho e não para a janela, aplicando tudo que estou entregando a você agora, neste livro.

> Veja a síntese das miragens que travavam a Patrícia, da chocolataria!
>
> **Do Ocupado:** era funcionária do próprio negócio.
>
> **Da Janela:** acreditava que a solução viria de fora, até porque não percebia o quão boa era no que fazia.
>
> **Do Salvador:** apostava que alguém seria o portador da solução mágica.
>
> **Da Espera:** achava que era uma questão de tempo para tudo melhorar.
>
> **Da Ordem:** aqui estava a trava principal. Quando surgisse a tal solução mágica vinda de fora e o negócio crescesse, haveria tempo, dinheiro e equipe. Aí seria a hora da dedicação à estratégia. Era uma inversão total!
>
> Será que isso está acontecendo por aí?

Momento de consolidação

Eu não sei quanto a você, mas, da minha parte, temos um acordo entre autor e leitor, cujo foco é fazer você experimentar o ciclo das conquistas. Mas isso não vai acontecer com as páginas desse livro transformadas em letra morta. Nada muda se o aprendizado não for convertido em ação, como bem compreendemos nessa conversa sobre a cegueira provocada pelas miragens.

Por isso, o momento é de uma necessária e breve pausa, com foco em refletir sobre os conceitos trazidos no capítulo e as crenças que andam conturbando o seu percurso. Eu preciso da sua confiança no método que proponho para que a sua virada de chave ocorra. Vamos lá?

Começamos com a identificação

Para cada miragem, atribua uma nota de 0 a 10, determinando seu grau de identificação com esse comportamento. Você vai colocar zero no caso de não ter identificação, dez para os casos em que se enxergar totalmente naquela postura e notas intermediárias conforme se reconhecer mais ou menos como alguém com esse perfil.

Miragem da janela

☐ ☐ ☐ ☐ ☐ ☐ ☐ ☐ ☐ ☐ ☐
0   1   2   3   4   5   6   7   8   9   10

Miragem da ordem

☐ ☐ ☐ ☐ ☐ ☐ ☐ ☐ ☐ ☐ ☐
0   1   2   3   4   5   6   7   8   9   10

Miragem da espera

☐ ☐ ☐ ☐ ☐ ☐ ☐ ☐ ☐ ☐ ☐
0 1 2 3 4 5 6 7 8 9 10

Miragem do salvador

☐ ☐ ☐ ☐ ☐ ☐ ☐ ☐ ☐ ☐ ☐
0 1 2 3 4 5 6 7 8 9 10

Miragem do ocupado

☐ ☐ ☐ ☐ ☐ ☐ ☐ ☐ ☐ ☐ ☐
0 1 2 3 4 5 6 7 8 9 10

Para refletir e responder

1. Quais miragens têm colocado suas conquistas em risco?

_____
_____
_____
_____
_____

2. Por quais motivos você tem caído nelas?

_____
_____
_____
_____

3. Que ações práticas podem te ajudar a superá-las?
___
___
___
___

Após esse momento de consolidação, onde você refletiu sobre as miragens e como elas vêm influenciando a sua vida, preparei um conteúdo que servirá como o próximo passo, o que você precisa fazer a partir das suas conclusões, e que disponibilizo no QR Code da página 159.

CAPÍTULO 2

VOCÊ CONHECE SEUS INIMIGOS?

Muito bem-vindo a uma nova etapa dessa nossa jornada de construção de conquistas, que eu chamo de segundo momento de flagra! Estou animado a conduzir esse novo estágio e, a essa altura do jogo, espero duas coisas. A primeira delas é que você esteja realmente desconfortável, com aquela inquietude bem característica de quem não tolera mais a posição que ocupa. E aí vem o meu segundo ponto de expectativa. Eu preciso da sua entrega e disposição em fazer o que precisa ser feito. No mercado financeiro, é bem comum a expressão *skin in the game,* numa referência a quem se arrisca, ou "dá a cara a tapa". É uma força de vontade que já nos potencializa ao imparável, como eu e você estamos buscando.

Indo um pouco mais longe, digo que essa postura é fundamental quando o foco é abandonar os inimigos das suas conquistas, aqueles comportamentos que fazem você estacionar. Mas isso só é possível quando conhecemos contra quem estamos lutando, concorda? Pois é justamente isso que vamos fazer agora. Esse capítulo é dedicado a rastrear adversários.

Porém, antes de começar, tenho uma boa e uma má notícia. E eu vou logo para a ruim, sem enrolação.

Todo mundo já ouviu falar que o inimigo pode morar ao lado, ou até na sua casa... mas na verdade é um pouco pior que isso: ele vive dentro de você!

A boa notícia é que depende apenas e exclusivamente de você dar fim aos prejuízos que seu oponente vem causando.

A questão é ter coragem para enfrentar esses mecanismos sabotadores. Então, desligue-se das distrações, tire um tempo para si e venha comigo mapear e encarar o que vem atrapalhando o seu caminho!

Inimigo 1: O acomodado – "Tá bom o meu lugarzinho"

Poucas expressões combinam tão bem com o acomodado, aquele seu adversário que te convida todos os dias a ficar no mesmo lugar. Inclusive, ele deve estar buzinando aí no seu ouvido, nesse exato momento: "lá vem a conversinha da zona de conforto mais uma vez", fazendo você acreditar que não vive essa realidade.

Só que eu preciso te alertar sobre algo. O que deve incomodar não são as pessoas que chamam sua atenção para o perigo do comodismo, mas a falta de ação que te mantém longe do sucesso, na exata antítese de quem age e faz acontecer.

O centro de apoio do acomodado é o medo de ousar e se frustrar, o pavor dos desafios. E sim, essas prevenções fazem parte do universo humano. Ou seja, esse olhar prevenido e assustado existe em mim e em você, mas permitir que ele fale mais alto é permanecer no compasso de espera.

Os acomodados ficam assistindo a banda passar e ainda se frustram por terem que engolir as conquistas dos outros. É na zona do desconforto que reside o crescimento. Essa frase é um pilar do meu trabalho como mentor. Eu reforço demais – para mim, para o meu time e para os meus clientes – que a habilidade do nosso negócio é tirar as pessoas da zona de conforto e levá-las a novos patamares.

> ## Qual é o seu time?
>
> Uma boa forma de avaliar o seu nível de comodismo é refletir sobre os três tipos de pessoas que eu mapeei durante uma jornada intensa de autodescoberta e de ajuda a empreendedores. Preste atenção e escolha jogar certo!
>
> ❖ Há quem faz acontecer.
>
> ❖ Há quem olha o que acontece.
>
> ❖ Há quem pergunta "O que aconteceu?".
>
> Se você se reconhece no segundo ou terceiro grupo, olho atento. Sua identificação com o acomodado está alta. Suba para o time de quem realiza. Ali estão as pessoas rentáveis, lucrativas e conquistadoras.
>
> O ciclo vitorioso das conquistas não combina com quem se mantém "na sua", "tranquilão", repetindo as mesmas coisas. Uma vida sem emoções não traz grandes resultados. Quem joga para vencer encara o frio na barriga!
>
> Quer um exemplo? Esse livro que você está lendo é minha primeira experiência como autor. Se eu tivesse me deixado vencer pela prevenção, ele não estaria aí, na sua mão, colaborando com uma trajetória vencedora.

Inimigo 2: O centralizador – "Só eu dou jeito!"

Esse é o olhar típico do centralizador, o legítimo tarefeiro que é muito bom no que faz, que sabe disso e se garante. Até aí, nenhum problema. O porém é acreditar que, se não for ele a fazer aquela determinada atividade, não vai dar certo. É algo tão forte que, ao delegar, o centralizador torce pela falha, mesmo que inconscientemente. E bingo! O pior acontece. Aposto que você já vivenciou ou presenciou uma cena dessas, ainda acompanhada da velha e boa máxima: "Está vendo? Eu já falei que é só comigo!"

Esse comportamento traz algum sucesso e reconhecimento, mas é o caminho de permanecer pequeno. Estágios de crescimento exigem equipe e um líder desenvolvido na capacidade de delegar. Pessoas boas no que fazem precisam desenvolver seu senso de liderança para se tornarem relevantes.

Resumindo, não há resultados extraordinários sem a competência de preparar pessoas a realizar tarefas melhor do que você. É um aprendizado que gera liberdade, autonomia e velocidade de crescimento. Sem isso, você não tem uma empresa, mas um emprego no próprio negócio!

> ## **MIRE O CENTRALIZADOR**
>
> Atenção aos sinais de centralização:
>
> ❖ Você trabalha muito?
> ❖ Entrega alta excelência, mas não consegue transferir atividades?
> ❖ Não atinge resultados à altura da sua competência?
>
> Alerta vermelho! Você corre riscos, inclusive, de entrar em *burnout*[2]. E ainda cabe outra reflexão: todo e qualquer negócio, independentemente do tamanho, tem três níveis fundamentais, a partir dos quais tudo se desenrola: estratégia, tática e operação.

---

[2] *Burnout* é um distúrbio psíquico caracterizado pelo estado de tensão emocional e estresse provocado por excesso de atividades e condições de trabalho desgastantes.

O DESAFIO DO SEU NEGÓCIO É VOCÊ

> ❖ Em qual deles está a expansão? Na área estratégica, sem sombra de dúvidas.
>
> ❖ E adivinhe onde está o centralizador? Na operação. É a típica roda do ratinho. Você faz, faz, faz, dia após dia, as mesmas coisas e com o mesmo resultado.

Inimigo 3: O desfocado – "Opa! Tem algo mais interessante!"

"Fabio, comprei uma lotérica. Me ajuda a traçar estratégias?"

"Como posso encontrar um sócio para uma empresa de suplementos?"

"E sobre captação de recursos para investir em agropecuária?"

Você acha possível essas perguntas terem vindo da mesma pessoa, num curto período de tempo? O pior é que acontece. Me deparo demais com os sofredores da síndrome do desfocado. São pessoas que buscam os processos de mentoria sempre com algo novo, sempre com uma promessa melhor do que a anterior.

Claro que se desafiar e estar aberto a oportunidades é diferente de não ter a consistência necessária para fazer algo acontecer. Olhar o tempo todo para todas as possibilidades é sinônimo de perda de foco.

Veja o exemplo: o antropólogo e professor Luiz Marins relata uma experiência vivida em 1972, quando estudava na Austrália. Ele foi convidado a participar, junto a aborígenes locais, de um rito chamado de dança da caça, em que o grupo simula uma caçada e acredita ter capturado de fato o animal para buscar no dia seguinte; nesse caso específico era um emu.

Eles inclusive comemoram e registram o feito com pinturas rupestres, conforme relata o pesquisador.

Pois bem, na hora de partir para a captura acompanhando os nativos, Marins recebeu a incumbência de achar as pegadas do emu, depois de aprender como identificá-las.

O que acontece a partir daí é uma lição sobre foco, conforme você pode constatar na história que o próprio Luiz Marins compartilha no site da *Anthropos Consulting*, uma empresa de antropologia empresarial que ele dirige[3], e que reproduzo a seguir:

"Eu ia à frente do grupo. De repente encontrei umas pegadas. Eram na verdade de canguru. Chamei a todos. Eles vieram, viram que as pegadas não eram de emu e sim de canguru e disseram: Essas pegadas são de canguru. Eu disse: mas canguru não é mais gostoso que emu? Eles responderam: Sim, é. Mas nós hoje estamos caçando EMU e não canguru. E se espalhavam novamente.

Mais um pouco e encontrava outras pegadas. Sabia que não eram de emu, mas mesmo assim chamei os caçadores. Eles disseram: Essas pegadas são de wallabies (um pequeno canguru). Eu disse: Mas wallabies não são mais gostosos que emu e até mais gostosos que canguru? Sim, responderam eles, mas hoje estamos caçando emu e não wallabies ou cangurus. Outro dia voltaremos para caçar outro animal. Hoje estamos caçando EMU.

Na quarta vez que parei a caçada e as pegadas não eram de emu, eles me disseram: Nós estamos caçando EMU. Fizemos a dança do EMU, trouxemos os bumerangues de EMU, as lanças de EMU. Se você parar a caçada cada vez que encontrar qualquer pegada, nós não vamos caçar nem emu, nem canguru, nem wallabies. Outro dia nós voltaremos para caçar cangurus ou wallabies. Hoje estamos caçando EMU.

---

[3] Relato disponível em: https://www.anthropos.com.br

Foi então que eu aprendi a razão de todo primitivo ir caçar e voltar com a caça rapidamente. Eles sabem exatamente o que estão caçando e não se desviam do foco."

O que vemos nesse relato é o poder da atitude direcionada. Tenha em mente que às vezes o universo nos traz oportunidades para testar a fé e o foco no que estamos fazendo. Inclusive, posso contar a você tranquilamente que já fui muito desfocado na vida, tentando abraçar inúmeras oportunidades, mas só cresci quando abandonei essa postura. O Fabio de hoje diz vários nãos a coisas maravilhosas, para não estar desatento à linha de chegada. Por sinal, ter foco é negar possibilidades. Lembre-se disso!

Como anda a sua lente?

É hora de considerar pontos importantes para dimensionar o seu ajuste de foco.

O desfocado, geralmente:

- ❖ Abraça muitas coisas
- ❖ Perde tempo em reuniões desnecessárias
- ❖ Se desgasta ouvindo propostas que saem do seu escopo
- ❖ Lê e estuda coisas que não aplica

Perceba que não se trata de ser bitolado. Atenção focada é diferente de não saber o que está acontecendo no mundo; trata-se de assumir que mudar o negócio a cada dia e abraçar oportunidades que surgem a todo momento é dividir energia. E quando você faz isso, meu amigo, você está perdido.

Pessoas de sucesso sabem para onde estão indo e negam possibilidades que não agregam ou contribuem para alcançar o que desejam – ao contrário dos desfocados que fazem de tudo e, normalmente, não chegam lá.

Inimigo 4: O iludido – "O melhor é um tiro único e certeiro!"

A busca pela bala de prata é o norte quando seu inimigo é esse comportamento que batizei de iludido. Quando trabalhei no segmento de materiais de construção, eu via uma situação bem típica disso na equipe de vendas. Cada vendedor, logicamente, trabalhava para bater sua meta, mas determinados profissionais me chamavam a atenção pela aposta na única mira.

Vou explicar melhor. Ao invés de buscarem dez ou quinze clientes, eles queriam logo vender para um prédio. Era a chance de já garantir, digamos, seis meses de faturamento. Em princípio, realmente parece uma boa estratégia. E porque, então, eu me refiro a isso como ilusão?

A razão é clara: na maioria dos casos, o resultado dessa expectativa pelo acerto mantinha o jogo no zero a zero. Os profissionais não fechavam outras vendas, e o tal super negócio também não se concretizava. Ou seja, é mais um exemplo clássico de alimentação do ciclo de fracasso e derrota.

A principal característica do iludido é acreditar em coisas que não são palpáveis nem factíveis. E buscar o jeitinho mais fácil está a um passo da perda de foco, que, como acabamos de ver, pode ser desastrosa.

> **É hora de analisar suas ações e resultados**
> Se você perceber que está jogando em nome da solução milagrosa, corre o risco de não sair do exato lugar onde está.
>
> **Nesse caso, o caminho é reorganizar a rota**
> Esteja consciente de que é preciso definir meta, estratégia e resultado esperado, além de dar passos na direção do que almeja, um dia de cada vez, construindo cada etapa das grandes conquistas.

Inimigo 5: O pequeno – "Algo grandioso não é para mim!"

Tão prejudicial quanto o caminho da solução mágica é pensar pequeno. Por sinal, isso me lembra a história que um amigo me contou. Ele levou seu enorme rottweiler para adestrar e, num dos exercícios, o instrutor conduzia o cachorro por um circuito. Nesse percurso, havia um banco que o animal podia saltar ou passar por baixo.

Na primeira volta, o cachorro tentou abaixar a cabeça e não passou. O instrutor o fez circular o banco e, na segunda tentativa, ele se enroscou mais uma vez, tentando passar por baixo do obstáculo. Veio a terceira vez e o rottweiler novamente teimou em se abaixar. Então, meu amigo comentou: "Ele é meio burrinho, né? Fica tentando passar por onde vê que não dá certo."

E veio a resposta do instrutor: "Não é isso. Ele pensa que ainda é pequeno."

Que lição fantástica num fato tão corriqueiro! Já parou para pensar que você tem um super potencial que pode estar escondido pelo simples fato de se achar e pensar pequeno? Isso é muito sério, e está cheio de gente sofrendo por conta dessa limitação.

Reflita sobre onde está o *setup*[4] da sua grandeza, sobre o quanto está limitando o próprio crescimento por não acreditar na chance de ser maior. Achar que pode só até determinado ponto é exatamente o que faz você não passar dali.

---

[4] ***Setup*** é uma palavra da língua inglesa que em português significa **configuração, organização** ou **disposição**. Refletir sobre onde está o *setup* da sua grandeza é identificar como anda a sua organização interna, como andam suas prioridades e objetivos.

> ## Avalie sua régua
>
> O pequeno normalmente não se acha merecedor, vive se diminuindo e acredita que não está à altura do próximo passo ou nível. Esses pensamentos são indicativos de que a mente está nos impedindo de enxergar nosso real tamanho e potencial. Vejo clientes e mentorados perseguindo metas tímidas perante o poder que essas pessoas e negócios têm. É inadmissível!
>
> **Pergunta:** quão grande e audaciosamente você tem se visto e pensado?

Inimigo 6: O pessimista – "Comigo nada dá certo"

Quando a gente fala sobre não aceitar nosso potencial e nossa capacidade de expansão e crescimento, entra em cena outro inimigo que pode estar à sua espreita: o pessimista. Esse comportamento atrapalha um bocado de gente e faz um estrago tão profundo que, nas turmas de mentoria, geralmente as pessoas com esse perfil desistem no meio do caminho. Pior ainda: há uma enorme chance de sequer começarem qualquer tipo de mudança, porque já partem do princípio de que nada funciona. É o caso típico do indivíduo que acredita firmemente na famosa Lei de Murphy: "se tiver que dar errado, vai ser comigo".

Quem se flagra nessa postura tem diante de si um grave sinal de alerta. É muito raro, se não impossível, encontrar um pessimista de sucesso. O percurso é ladeira abaixo e os resultados não acontecem. E eu até arrisco dizer que um pessimista nem estaria com esse livro na mão, por ter o fracasso como ponto de partida.

ALERTA MÁXIMO

"Poxa, Fabio. Não deve ter nada mais grave do que isso, então, hein?".

Tem sim. Preparado? Pior do que ser pessimista é ter pessoas assim no seu entorno, seja amigo, sócio, colaborador, familiar distante, ou até mesmo quem dorme na sua cama.

Cuidado: pessimistas são ladrões de sonhos! Não estou dizendo para você acabar com o casamento ou nunca mais falar com seu pai, sua mãe ou seu irmão. A dica é aprender a se blindar. Depois de ler um livro como esse, por exemplo, você se enche de planos e, ao se aconselhar com aquela pessoa que tem esse comportamento, pode tomar um banho de água fria. A tendência são argumentos do tipo: "isso não funciona" ou "vish, é papo furado".

E aí cabem dois pontos de atenção. O primeiro é que o pessimista sempre encontra excelentes justificativas para não apostar no sucesso. E o segundo é que o ladrão de sonhos assume uma postura pessimista porque está pensando nas próprias limitações, e não nas suas, querido leitor. Esse é o lance. O pessimista não está dizendo que você não pode. Ele diz para não fazer porque não se imagina conseguindo. Uma inimaginável quantia de sonhos é engavetada por pessoas que se aconselham com alguém que parte desse filtro.

Portanto, olhe-se no espelho com sinceridade para perceber se tem agido assim e preste atenção a sua volta e perceba quem te rodeia, e só olha para o que pode dar errado.

Não se trata de viver na ilusão dos contos de fadas. O otimista tem pé no chão, mas acredita. Essa é a diferença.

Inimigo 7: O vitimista – "Tudo está contra os meus planos"

Ainda no grupo das posturas difíceis de conviver, vamos a um perfil que, devo confessar, é um dos mais complicados para mim. Eu falo do vitimista, aquele tipo de pessoa extremamente cansativo para ter ao lado e trabalhar junto. As eternas vítimas de tudo sempre encontram fora delas a razão dos problemas e obstáculos que vivem.

E já que a culpa das circunstâncias é externa, também não há como sair da situação. Ou seja, com zero de autorresponsabilidade, essas pessoas têm seu poder de solução anulado. É um circuito de fracasso e fraqueza absoluto. O ser humano fica escravo das ocasiões, esperando que alguém resolva o conflito.

Esse é o caso, por exemplo, de alguém fervorosamente religioso, que transfere a Deus a responsabilidade por tudo o que vive – vale esclarecer que não estou criticando as doutrinas religiosas; estou apenas questionando o comportamento de quem transfere seu poder de livre-arbítrio para Deus, contrariando uma regra do jogo da vida, já que nós somos totalmente responsáveis pelo que nos acontece.

Falando na perspectiva empreendedora, a postura vitimista faz com que a falta de resultado seja atribuída aos clientes, aos fornecedores, ao mercado, aos concorrentes. Até a esposa, o marido, as doenças na família viram justificativa para que a pessoa não faça o que deve. A cadeira do vitimista é uma das piores em que um ser humano pode sentar. Nesse lugar, você joga ao acaso as soluções dos problemas e a vida que gostaria de ter.

A cadeira do **VITIMISTA** é uma das piores em que um ser humano pode sentar. Nesse lugar, você joga ao acaso as soluções dos problemas e a vida que gostaria de ter.

@pimenta_digital

> ## Preciso ser duro
>
> Vitimização não combina com o ciclo das conquistas que estamos percorrendo aqui. Eu preciso trazer um lembrete para quem está nessa postura: sua vida é de sua responsabilidade. Ela está maravilhosa? Parabéns! Ela está dura? Uma droga? Você se colocou aí!
>
> O "logo tudo melhora" é uma aposta errada, porque a espera é inimiga das realizações. Você só consegue o que deseja, agindo.
>
> Ou você compreende isso, ou não tem chance de melhorar em nada. Com autorresponsabilidade você entende que é capaz de sair das enrascadas em que entrou por conta própria. Isso te coloca a um estalar de dedos, a uma decisão de superar limites – algo que nunca vai acontecer com o vitimista, uma marionete do mundo, que jamais será protagonista da própria história. Percebe o poder de sair do lugar de vítima?

Inimigo 8: O dificultador – "Veja bem, precisamos considerar que..."

Na esteira dos comportamentos perigosamente voltados a fatores negativos, também é preciso trazer os dificultadores. Diferente do pessimista e de quem se vitimiza, essas pessoas buscam uma visão positiva, mas focam demais nos obstáculos. E se você se preocupa demais com os problemas, naturalmente acaba potencializando as consequências deles. É como acontece com a mulher que engravida e não para de encontrar outras grávidas na rua, porque a atenção se voltou para a maternidade.

No caso do dificultador, os empecilhos ganham proporção e se tornam o vilão máximo da vida e dos negócios. O indivíduo enxerga mais disso e consegue dificultar o que já era desagradável.

Fuja da ideia de que tudo envolve sangue, suor e lágrimas. Não tem que ser assim. A vida pode ser fácil. A gente nem percebe, mas muitas vezes superdimensiona os problemas, até para justificar as conquistas. Porém, grandes resultados chegam de forma muito mais leve para quem deixa os acontecimentos fluírem naturalmente.

> ## Atenção aos perigos!
>
> A postura do dificultador carrega dois riscos potenciais: atrair mais obstáculos, já que o foco está voltado para os problemas e impedir que o universo trabalhe para você, por não permitir que as conquistas sejam simples, fáceis e naturais.
>
> Muitos dificultadores fazem as coisas acontecerem, mas a um preço alto e com muito mais demora. Acredite: não precisa ser doloroso ou difícil. Relaxar um pouco favorece o processo!

Inimigo 9: O perfeccionista – "Falta aquele detalhe"

Agora vamos falar de um comportamento com o qual muita gente se identifica. É bem comum esse assunto render boas risadas entre o pessoal que participa das minhas mentorias, cursos e palestras, justamente pelo reconhecimento.

E você, já se prendeu ao perfeccionismo?

Eu começo alertando que, onde há um perfeccionista, também existe estagnação. É preciso ter muito cuidado para não fazer do "último detalhe que falta" o elemento que faz o trabalho ou projeto nunca estar pronto.

Não se trata de falta de cuidado e capricho com o que faz, mas sim de levar em conta a boa máxima: "antes feito do que perfeito e não executado". Rony Meisler, empreendedor altamente reconhecido e fundador da Reserva, marca de vestuário forte no mercado, tem uma frase que se encaixa perfeitamente nesse tema. Ele diz: "nasceu pronto, nasceu tarde". Nosso mundo, hoje, exige velocidade. Os rápidos sempre vencerão os mais lentos. Nesse cenário, o perfeccionista está verdadeiramente perdido. Afinal, nada para ele vai estar pronto ou bom o suficiente.

Pense no seguinte exemplo: seu barco está no ancoradouro e você quer conquistar a ilha da frente. Já está até avistando a ilha, mas aí você pensa: "calma, falta dar uma lapidada no casco". Só que, quando isso fica pronto, ainda precisa pintar alguns itens do interior da embarcação, para ela ficar bonitinha. Depois, é a vela que não pode ficar amassada – e lá vai você passar a vela. De repente, surge um bote dez vezes menor que o seu, mas guiado por uma pessoa determinada que, com dois remos, está te ultrapassando. A diferença é que ela olhou para a ferramenta que tinha e pensou: "tem buraco no casco? Não. Então já posso cair na água. Bora começar e, no meio do caminho, ajusto o que for preciso."

A preocupação dela foi fazer a travessia, e assim aconteceu. Você, por outro lado, com seu perfeccionismo, ficou paralisado, ancorado. É como eu sempre falo: quem chega primeiro bebe água limpa; para os retardatários, sobra água suja.

REFLITA

Esse também é o caso dos meus clientes de mentoria que chegam dizendo: "então, não estou fazendo vídeos ainda porque não tenho o iPhone de última geração. O meu, do ano passado, não tem uma câmera tão boa."

É um pensamento de procrastinação que se soma ao perfeccionismo, e se transforma numa excelente justificativa para o medo de implementar. Muitas vezes, a gente vira ninja na arte de encontrar desculpas para não fazer, tendo a busca do perfeito como aliada nessa missão.

As empresas, nesse contexto de velocidade que vivemos, precisam ser jet ski e não transatlântico. No mundo dos negócios é preciso ter atitude e iniciativa e fazer com que as coisas aconteçam rápido. Surgiu algo novo? Teste antes de todo mundo.

É tempo de abandonar o perfeccionismo. Foque no bem-feito e parta para o ciclo do movimento, que vai permitir aperfeiçoar o processo de formas que você nem imagina.

Essa é a ideia do Mínimo Produto Viável (MVP - do inglês *Minimum Viable Product*), tão presente para as startups.

Pensa em desenvolver uma plataforma ou aplicativo que ajuda a gerenciar processos nas empresas? Que tal criar uma versão inicial, com as principais funcionalidades, e validar a efetividade e os resultados junto aos possíveis clientes? Essa aceitação vai abrir caminho para aprimorar a ferramenta e trazer mais funções.

A solução oferecida ao mercado vai sendo aperfeiçoada, num percurso vivo que conduz ao produto perfeito, sem que você fique estacionado, lá no começo de tudo. É foco na ação que leva à perfeição!

Inimigo 10: O procrastinador – "Não precisa ser agora"

Aproveitando o gancho da falta de velocidade e foco em agir, vamos tratar mais da tal procrastinação, que pincelei logo acima. E vou logo fugir do simples "dê um fim ao procrastinador", porque todos temos um pouco desse comportamento e, até aí, tudo bem. O perigo é procrastinar o que é vital. Ou seja, o lance é separar os pontos triviais – que podem ficar para depois – daquelas tarefas inadiáveis.

Nesse jogo estão as "cascas de banana" em que a gente resvala. A clássica é não perceber que deixou o fundamental para mais tarde, amanhã ou sabe-se lá quando. E aí se instala algo grave. Quem adia indefinidamente o que deve ser feito não entende a seriedade dos compromissos assumidos consigo, por menores que sejam.

Quando, por exemplo, você agenda uma reunião, estar lá na data e horário marcados é importante para não passar vergonha diante de quem está esperando, certo? Mas quando se trata daquele acordo feito com você mesmo, cadê o grau de responsabilidade?

> ## ADIAR TEM CONSEQUÊNCIAS
>
> É bem mais fácil burlar e se autossabotar. Só que, pense comigo, sobre o recado que esse desleixo representa para o universo. É basicamente algo do tipo: "Eu não me levo a sério." "Dane-se." "Meus acordos comigo nem são tão importantes."
>
> O efeito de boicote interno deste ciclo é brutal e está relacionado a uma série de pequenos compromissos que geram uma bola de neve e vão se tornando mais sérios.
>
> Quer exemplos?
>
> ❖ A lista de leitura vai sendo adiada.
> ❖ Começar o treino ou a academia fica para amanhã, o mês, ou o ano que vem.
> ❖ Aquela atitude com relação ao colaborador também vai ficando para depois.
> ❖ O vídeo a ser gravado, ou até o lançamento do produto, nunca acontece.

Procrastinar é uma palavra riscada do dicionário das pessoas de sucesso. Elas fazem o que deve ser feito, sem deixar para depois. O procrastinador interno é um inimigo que domina as pessoas de fracasso.

ATENÇÃO: O INIMIGO NUNCA VEM SOZINHO!

Bem, caro leitor. Nossos pontos de alerta e atenção estão traçados. Esse capítulo cumpre uma missão parecida com a dos sinais de trânsito, direcionando e guiando o motorista sobre como proceder para uma viagem tranquila e segura. Apresentei dez sabotadores que podem estar atrapalhando o seu caminho rumo ao sucesso. Mas deixa eu te contar outro segredo? Não foi diferente com aquelas pessoas conquistadoras que você admira.

A jornada da Cátia, uma arquiteta que entrou num dos programas mais avançados de acompanhamento que ofereço, é um bom exemplo. Ela desejava uma guinada no negócio e veio buscando estratégias, técnicas e táticas que ajudassem nisso. Por sinal, esses são os focos mais normais e presentes para os empreendedores que decidem por uma mentoria. Ou se busca ajuda porque as coisas não estão acontecendo de acordo com o esperado, ou há uma certa inércia e o desejo de saltar para um próximo nível.

Lógico que a entrega de métodos e processos faz parte do trabalho, mas a minha larga experiência me mostrou o quanto também é necessário calibrar os aspectos de mentalidade, bem como estamos fazendo por aqui. Com a Cátia, logo de cara, chamou minha atenção o fato de ela se autocriticar muito. Nos encontros da mentoria, fazia perguntas e, ao ouvir minhas respostas, dizia: "puxa, é verdade. Nossa, como sou burra!".

Era algo que se repetia e eu já fiquei ligado. Essas frases autodepreciativas ditas assim, meio sem pensar, refletem muito do que realmente acreditamos sobre nós. É raro alguém que se acha excelente se chamar de burro. Então, passei a sinalizar para ela: "não há nada de errado com o seu questionamento. Ele está perfeito e você está nesse grupo para isso".

Estava claro que a Cátia sofria da síndrome do pequeno. Era uma profissional incrível, mas não via o próprio potencial. Quem olhava de fora, enxergava uma grandiosidade que ela simplesmente não percebia. E isso a prejudicava em diferentes esferas da vida – nos relacionamentos que cultivava, na forma de vender aos clientes, na precificação do trabalho. A Cátia cobrava pouco pelo que entregava. Como seria possível ter lucro, expandir um negócio, com essa visão limitada de si mesma?

E o pior é que, por consequência, a Cátia se vitimizava e tinha mil justificativas para a falta de resultados. Tudo fazia dela e do escritório reféns do acaso e circunstâncias.

"Fabio, você não sabe. Os jovens arquitetos estão chegando no mercado e destruindo as margens. E meus clientes também só querem preço."

Numa das ocasiões em que ela se queixou, retruquei: "mas espera aí. Você atende pessoas que estacionam uma BMW em frente ao seu escritório. Será que alguém que está com foco único no mais barato teria esse carro, ou um modelo popular?".

Ou seja, o pensamento pequeno que já se juntava ao vitimismo se somou ao pessimista. Afinal de contas, com ela as coisas não davam certo. Algo ficava claro quando se apresentava alguma sugestão e ela respondia: "isso eu já tentei".

E não parava por aí. Por não se julgar suficientemente boa, a Cátia buscava fazer tudo no estado da arte. O resultado? Estagnação. Como nada estava bom o suficiente, o momento de concluir e apresentar os projetos não chegava. Surgiam a procrastinação e a dificuldade em cumprir prazos, o que também afetou o *timing* das estratégias de redes sociais que planejamos. Tudo se transformava num duelo de gigantes; uma legítima jornada que ainda colocava em cena outro inimigo, o dificultador.

Eu quero que você perceba o quanto os inimigos são perigosos, porque nunca aparecem sozinhos. Eles sempre surgem em combo, com um puxando o outro. É algo muito sério.

Veja a cadeia de obstáculos internos que mantinham a Cátia fora do ciclo das conquistas!

- ❖ **Pensar pequeno:** não percebendo o próprio talento e profissionalismo.

- ❖ **Vitimismo:** jogando para o contexto e as circunstâncias a responsabilidade pela falta de resultados.

- ❖ **Perfeccionismo:** impedindo que as tarefas fossem concluídas.

- ❖ **Procrastinação:** deixando de se dedicar ao que realmente importava.

- ❖ **Imposição de dificuldade:** em tudo havia empecilho. Qualquer coisa já havia sido tentada.

Era um combo de inimigos que nublava e travava um potencial extremo. A Cátia era altamente capaz tecnicamente, gente boa, culta, viajada, mas estava vencida por um conjunto de sabotadores que rodavam em ciclo e se potencializavam mutuamente.

Na etapa da mentoria em que trouxemos a mentalidade para o foco, ela conseguiu perceber o autoboicote. E foi a hora da virada. Ela se flagrou, trouxe para a consciência e entendeu o quanto a própria mentalidade a prejudicava. A autovalorização foi o ponto principal para se perceber competente e capaz. Afinal, alguém que não se compra caro, não consegue se vender caro. Mudando essa postura nas negociações, a Cátia decolou, exatamente como estou propondo a você.

Ou seja, maior do que o poder devastador dos inimigos não rastreados é o potencial da sua decisão em reconhecê-los e não mais permitir que comandem sua vida.

Momento de consolidação

Até aqui já deve estar claro para você que apenas os inimigos que moram aí dentro podem te impedir de chegar aonde você quer. Em cada um de nós, há um pouco desses comportamentos. Mas eles só tomam as rédeas de quem não se dá conta dos perigos que representam. Por isso, eu insisto na tamanha importância da tomada de consciência que está ativada agora.

Você já abandonou a zona da ignorância, que é a mais arriscada. Até aqui, sequer se imaginava, por exemplo, o procrastinador que pode ter descoberto. Saber disso já é poderoso. Sua tarefa agora é, de maneira consciente, deixar de lado essa postura. De que forma? Primeiro, criando facilitadores para mudar esse hábito; e depois, com consistência e disciplina, tornando esses novos comportamentos automáticos.

Lá vão alguns passos que ajudam nesse caminho:

Começamos com a identificação

Para cada inimigo, atribua uma nota de 0 a 10, determinando seu grau de identificação com esse comportamento. Você vai colocar zero no caso de não ter identificação, dez para os casos em que se enxergar totalmente naquela postura e notas intermediárias conforme se reconhecer mais ou menos como alguém com esse perfil.

Acomodado

☐ ☐ ☐ ☐ ☐ ☐ ☐ ☐ ☐ ☐ ☐
0   1   2   3   4   5   6   7   8   9   10

Centralizador

☐ ☐ ☐ ☐ ☐ ☐ ☐ ☐ ☐ ☐ ☐
0   1   2   3   4   5   6   7   8   9   10

Desfocado

☐ ☐ ☐ ☐ ☐ ☐ ☐ ☐ ☐ ☐ ☐
0   1   2   3   4   5   6   7   8   9   10

Iludido

☐ ☐ ☐ ☐ ☐ ☐ ☐ ☐ ☐ ☐ ☐
0   1   2   3   4   5   6   7   8   9   10

Pensamento Pequeno

☐ ☐ ☐ ☐ ☐ ☐ ☐ ☐ ☐ ☐ ☐
0   1   2   3   4   5   6   7   8   9   10

Pessimista

☐ ☐ ☐ ☐ ☐ ☐ ☐ ☐ ☐ ☐ ☐
0   1   2   3   4   5   6   7   8   9   10

Vitimista

☐ ☐ ☐ ☐ ☐ ☐ ☐ ☐ ☐ ☐ ☐
0   1   2   3   4   5   6   7   8   9   10

Dificultador

☐ ☐ ☐ ☐ ☐ ☐ ☐ ☐ ☐ ☐ ☐
0   1   2   3   4   5   6   7   8   9   10

Perfeccionista

☐ ☐ ☐ ☐ ☐ ☐ ☐ ☐ ☐ ☐ ☐
0   1   2   3   4   5   6   7   8   9   10

Procrastinador

☐ ☐ ☐ ☐ ☐ ☐ ☐ ☐ ☐ ☐ ☐
0   1   2   3   4   5   6   7   8   9   10

Para refletir e responder

1. Quais inimigos você identifica em si mesmo e de que forma?

_____
_____
_____
_____

2. Onde eles te impedem de chegar?

_____
_____
_____
_____

3. Que novos hábitos podem te ajudar a superá-los?

_____
_____
_____
_____

4. Como você pode facilitar o processo de instalar esses novos comportamentos na sua rotina?

_____
_____
_____
_____
_____

Após esse momento de consolidação, onde você identificou e refletiu sobre os inimigos que estão te impedindo de viver a vida dos seus sonhos, preparei um conteúdo que servirá como o próximo passo, o que você precisa fazer a partir das suas conclusões, e que disponibilizo no QR Code da página 159.

Os acomodados ficam assistindo a banda passar e ainda se frustram por terem que engolir as conquistas dos outros. Mas é na zona do DESCONFORTO que reside o crescimento.

@pimenta_digital

CAPÍTULO 3

PREPARE-SE PARA NAVEGAR NO MECANISMO DAS CONQUISTAS

Nosso papo está ficando mais sério; a gente já se conhece melhor e por isso vou me permitir ser ainda mais claro a essa altura do campeonato, porque todo jogo tem regras que precisam ser dominadas – caso contrário, a dinâmica não funciona. Você tem clareza e segurança de que o ciclo das conquistas é possível? Você quer realmente atingi-lo?

Eu pergunto porque essa jornada é só para quem carrega essa convicção de forma clara e presente. Veja bem, não se trata de estar sendo excludente ou soberbo, minha missão é formar pessoas vitoriosas, portanto, perder o foco seria uma falha imperdoável.

Alinhamento feito, estamos prontos para o próximo estágio. Este é o modo turbo, porque passamos de fase e a conversa passa a ser sobre virar a chave. Até aqui, seu papel foi se desvendar, perceber desafios, obstáculos e pontos negativos. Era o momento do flagra quanto às crenças e comportamentos que te sabotam e bloqueiam.

Agora, o foco é iniciar a reversão da engrenagem que não apoia você num percurso de realizações. E não falo apenas de pessoas que operam para o fracasso e se veem presas aos mesmos problemas e ciclos de absoluta falta de resultado. É também para quem quer mais sucesso e parece não conseguir dar o próximo passo. Quer um exemplo? Quando alguém está à frente de um negócio e quer dobrar ou triplicar o pró-labore, mas não chega lá, está diante do indicativo claro de algo a ajustar para superar esse limite que barra a expansão.

Então, vamos entender na prática os primeiros passos do percurso do sucesso.

Quanto vale o jogo para você?

Para trazer gás a qualquer processo de construção de sonhos, sucesso e conquistas, é fundamental ter em mente o conceito do princípio de tudo. É o que Napoleon Hill, um dos maiores escritores e pensadores da área do desenvolvimento pessoal, nomeia como desejo ardente. Trata-se de querer muito, desejar profundamente. Sem isso, as conquistas se tornam mais difíceis, quem sabe até impossíveis.

Essa chama acesa é um impulso crucial para a virada de chave que falamos no começo deste capítulo. O seu desejo ardente abastece a convicção e o impulsiona às ações necessárias. Até porque o mundo impõe obstáculos e dificuldades que não resistem à falta do desejo ardente.

Seja obsessivo em perseguir suas conquistas e faça de tudo para torná-las realidade. Pessoas de ação são aquelas que concretizam sonhos.

> ## Para se inspirar
>
> Quando olhamos, por exemplo, para as histórias de homens e mulheres *self-made*[5], como dizem os americanos, numa referência a quem saiu do nada e galgou sucesso, é claro o papel do desejo ardente.
>
> Em muitas dessas trajetórias, a chama surge como um basta à vida de fracassos e dificuldades. O próprio Tony Robbins, uma das maiores referências atuais em desenvolvimento pessoal, conta como disse "chega" às derrotas de uma vida que até ali girava em torno da infância sofrida.
>
> São casos em que a mudança passa pela força da decisão em deixar para trás o passado e encontrar o novo. Isso traz uma energia que se transforma no combustível para a construção de algo totalmente diferente e, em geral, muito mais grandioso. É um caminho de vitória e legado.

Torne-se quem deseja ser. Materializar é consequência!

O percurso para ganhar potência no processo de crescimento também tem algo de óbvio até certo ponto, mas que passa despercebido. Preste atenção na história a seguir para entender.

Certa vez, eu conversava com uma amiga que me disse: "quero ganhar dez vezes mais do que hoje".

---

[5] Homens e mulheres self-made é uma expressão cunhada em 2 de fevereiro de 1842 por Henry Clay no Senado dos Estados Unidos para descrever alguém que se fez por si próprio, com seu esforço e suas boas qualidades, mostrando que o sucesso já está dentro de si, não em condições externas.

Rapidamente, percebi se tratar da expectativa por mudança de vida. Era uma virada de mesa. Imaginemos, hipoteticamente, que ela retirasse R$ 8 mil mensais. No norte de expansão que almejava, o valor passaria a ser de R$ 80 mil todo mês.

Diante disso, eu perguntei: "me fala um pouco sobre como viveria com uma renda dez vezes maior. Onde você moraria? Qual seria o seu carro? Como seria a sua rotina? Qual seria o tamanho e estilo do seu escritório? Quantos colaboradores teria? Quais seriam seus destinos de viagem? Como se vestiria?".

Só que ela não tinha respostas para essas perguntas, num cenário em que tivesse um rendimento de R$ 80 mil. Não visualizava o horizonte além da vida no atual patamar de renda.

Então, precisei ser sincero: "sabe quando você terá esse pró-labore? Nunca. Sem imaginar – e de forma detalhada – como é a vida a partir de uma certa conquista, nada se realiza. O fato de não saber apontar detalhadamente o estilo de vida que relaciona a esse novo estágio mostra que você não está construindo essa realidade na sua mente."

Ela ficou surpresa e até meio irritada, assim como você pode estar neste momento, mas ela logo percebeu o quão poderoso era o que eu estava dizendo.

E não para por aí! Além de visualizar outros patamares, é preciso se comportar como essa nova pessoa. Ter consciência de que esse é o ponto de partida para traçar novos caminhos muda tudo, na mesma medida em que é perigoso desconhecer ou não praticar esse princípio. Foi uma ficha que me caiu lendo *A Escola dos Deuses*, do autor Elio D'Anna, uma obra que considero fantástica e já citei num capítulo anterior.

A narrativa desse livro é toda baseada no contato do personagem principal com o *Dreamer*[6], um alter ego seu que o vai conduzindo no processo de mudança e autodescoberta. Em certo trecho, cabe ao protagonista encontrar uma nova casa. E ele procura um lar que se encaixe com o que, supostamente, o momento permitia. O resultado é uma conversa dura, em que o alter ego diz: "não pedi que encontrasse uma moradia para você, mas para mim, que sou grande".

Era um convite a olhar para o futuro, para um alguém realizado, com muitas conquistas. Ou seja, o *Dreamer* ensinava que era necessário associar um comportamento prévio ao sucesso.

> O recado que essas duas analogias nos trazem é bem claro!
> ❖ Minha amiga falava sobre um futuro desejado que nem conseguia imaginar.
> ❖ O personagem do livro também se limitava ao presente.
>
> Um dos segredos do ciclo das conquistas, e que muitas pessoas não entendem, é imaginar e se projetar no estilo de vida desejado. Portanto, comece a respirar e viver o futuro que persegue. Veja bem! Não estou te convidando a fazer loucuras, se jogando em aventuras financeiras, gastando além das possibilidades. Essa postura faz muita gente se tornar uma fraude, ou ser vítima de golpe. Estou abrindo os seus olhos para o exercício de vislumbrar o futuro, como um instrumento de construção da estrada que conduz você até aquele ponto. Neste trabalho mental e comportamental, o que você busca se torna mais crível, e a realização, o alcance do sonho, ganha potência e velocidade.

---

[6] *Dreamer* é uma palavra usada na língua inglesa que em português significa sonhador. O personagem sonhador mostra ao protagonista que tudo o que ele quiser é possível – basta sonhar, e sonhar grande.

> Vou te contar um hábito que desenvolvi nesse sentido. Quando saio para caminhar ou correr, eu me imagino na vida que sonho. Visualizo o faturamento que espero para minha empresa, o número de colaboradores que terei. Me vejo vivendo experiências condizentes com aquele patamar.
>
> Se você busca liderar um negócio gigante e quer faturar X vezes mais, torne-se essa pessoa. Investigue o pensamento, os comportamentos, as referências, o jeito de ser de quem já chegou nesse resultado. Sem trazer esse quadro para a mente, fica muito, mas muito mais difícil acessar tal realidade.
>
> Sim, no começo, vai parecer confuso e estranho. Enquanto lê, você pode até mesmo estar pensando: "esse cara é louco, está me falando para visualizar, imaginar, pensar numa realidade que não vivo".
>
> Pois comece desse exato ponto. Duvidando mesmo! Só preciso que você se permita treinar e desenvolver o poder de se tornar quem deseja ser. Dos resultados, tenho absoluta certeza. Esse é um hábito que, à medida que a gente vai consolidando e tornando presente, acelera absurdamente nossas conquistas.

O fato de nos tornarmos mentalmente o que desejamos ser nos faz chegar lá de verdade, porque o universo abre espaço para isso! Há muitas histórias de pessoas públicas e notórias demonstrando isso. O lutador de artes marciais Jon Jones, por exemplo, assinava como campeão em seus autógrafos muitos anos antes de conquistar o título. Ser vencedor, o número um, podia até não parecer plausível naquele momento; era algo ainda distante do que ele vivenciava no dia a dia, mas incorporar esse rótulo ao nome foi uma ferramenta que ancorou o resultado desejado.

Infelizmente, depois ele se envolveu com problemas judiciais, mas foi um dos mais jovens lutadores da história do UFC a chegar ao título. Há vídeos na internet em que ele narra o trabalho mental que o levou a tal feito. Essa é a chave para tornar-se quem você deseja ser, entende?

Imaginar e visualizar o sucesso é algo poderoso que poucas pessoas utilizam. E olha que é de graça, você nem paga por isso! Teste e verá de que ferramenta poderosa estava abrindo mão, deixando de alcançar seus sonhos. Ampliar sua perspectiva mental é parte imprescindível do processo de conquista.

É como acontece com as plantas que precisam de um vaso maior para prosperar. Imagine uma jabuticabeira em um vaso pequeno. Não vai vingar. A planta sofre se for colocada num recipiente que não comporta o tamanho das suas raízes, porque falta espaço para ela crescer. O resultado são folhas defeituosas, geralmente sem flores e frutos. E só vai ser diferente se dermos a ela um vaso maior. O mesmo ocorre com a gente. Nossa postura mental limitada é como o recipiente pequeno podando o brotar dos nossos resultados, ainda que diante de um enorme potencial.

Com pensamento pequeno, sem se imaginar grande e vivendo uma nova vida, você não cresce. Um dos meus principais mentores, o Jober Chaves – hoje, um empresário de grandes resultados e referência no mundo empreendedor – também tem um relato fenomenal sobre tornar-se quem deseja ser. Ele compartilha sua história de superação de uma fase de alto endividamento, justamente a partir de se imaginar fora daquele cenário. Você teria coragem de fazer *test drive* em uma concessionária da Mercedes sem a menor condição de comprar o carro? Foi uma das atitudes que ele teve!

DOMINE O MECANISMO DAS CONQUISTAS

Trata-se de algo lógico. É indiscutível que toda e qualquer coisa para a qual se olha no mundo nasceu, antes, na mente de alguém. O caminho é mais ou menos como no esquema:

Imagino ▶ **Faço o que precisa ser feito** ▶ **Materializo ou atinjo a meta**

A sacada é que a intensidade, ou seja, o nível de realidade e de convicção com que determinado objetivo se apresenta na minha mente imprime velocidade ao processo de materialização. É preciso trabalhar ativamente a dinâmica para manter operante um mecanismo de conquistas.

Por exemplo, vamos pensar num carro novo sob a perspectiva do mecanismo das conquistas.

Ponto 1: Cenário

É preciso traçar o contexto, saber tudo sobre ele.

Portanto, pense: qual é a marca do carro? Qual é a cor? Quais são os detalhes e acessórios?

Agora o carro existe na sua mente.

Ponto 2: Imaginação/Visualização

É hora de vivenciar a conquista mentalmente, criando a convicção de chegar lá. Esse é um trabalho que as pessoas não realizam, cansam de fazer ou desacreditam.

- Enxergue-se dirigindo o carro novo.
- Busque as sensações de estar nele: o cheiro, a comodidade, a felicidade, etc.

Ponto 3: Ação e materialização

Agora entram em cena as atitudes que precisam ser tomadas. Mova-se na direção do seu objetivo e esteja atento e desperto para as oportunidades do caminho. Isso traz agilidade e, acredite, materializa o que você foi capaz de realizar mentalmente.

O ator Jim Carrey também já relatou publicamente experiências de sucesso a partir desses elementos. Em entrevista concedida ao The Oprah Winfrey Show, ele conta que visualizava diretores interessados no seu trabalho, muito antes da fama. Uma das histórias mais curiosas é a do cheque de 10 milhões de dólares que ele destinou a si próprio, datado da Ação de Graças de 1995. E foi exatamente essa a quantia que ele recebeu, antes desse prazo, pela atuação em *Debi & Loide: Dois Idiotas em Apuros*.

Esses relatos me fazem lembrar, novamente, do livro *A Escola dos Deuses*, uma obra marcante para a minha formação como mentor e empreendedor, e uma leitura que recomendo muito. Eu, inclusive, já presenteei amigos com esse livro, justamente pelas lições em torno da arte de sonhar, tão presente durante a história de autoconhecimento e reversão do fracasso em sucesso, narrada pelo protagonista.

Não à toa o nome do alter ego do autor é *Dreamer*. Suas falas e interações com o personagem principal nos lembram da importância de sonhar e estarmos atentos ao que nossa mente está materializando. É o circuito de tornar-se para ser, como já sinalizei. O mecanismo das conquistas precisa ser abastecido, acalentado, para que você mantenha o desejo ardente – o que se dá a partir de imaginar, visualizar e agir.

Com essas ferramentas, você entra em sintonia com a frequência da vitória. Uma analogia simples vai deixar bem clara essa questão: no rádio, para ouvir pop rock, é preciso sintonizar a frequência de uma emissora desse estilo. O mesmo ocorre se o meu gosto for por sertanejo, rock, MPB, ou notícias e entrevistas. Na vida, o processo é basicamente o mesmo. É fundamental a atenção ao canal com o qual estamos sintonizados, e que repercute aquele tipo de acontecimento no cotidiano.

Muito se fala e investiga, por exemplo, sobre o multiverso, que nos coloca diante de possibilidades para além do que enxergamos. O próprio Stephen Hawking, no final da vida, se dedicou ao estudo dos possíveis inúmeros universos.

Isso ainda é bastante misterioso e gera pano de fundo para um olhar mais filosófico sobre fazer escolhas, trazendo nossa individualidade para um papel mais ativo quanto ao que se experimenta na vida. Também não estou propondo abordagens místicas ou esotéricas que não considero cabíveis. Falo de preparo emocional e autoconhecimento, numa percepção calcada na minha própria trajetória, que me mostrou várias versões do Fabio com as quais pude me sintonizar – doente, fracassado, saudável, bem-sucedido, criativo, inspirado, e por aí vai.

Todos os dias cada um desses Fabios está disponível. Eu escolho com qual dessas versões me conecto e essa decisão se reflete no que experimento na vida, simplesmente porque a vibração emitida por meus pensamentos e minha energia sintoniza e materializa acontecimentos e resultados. Não há como ouvir rock numa estação de rádio que toca MPB. O ponto é que se trata de um processo natural e que vai acontecer, de forma consciente ou inconsciente. Esteja presente na dinâmica. Rompa com o que não quer e escolha se conectar com o que de fato deseja.

Joe Dispenza, renomado autor, palestrante e pesquisador da neurociência, também alerta para esse aspecto. Me permitindo uma visão bem sintética, e quem sabe até reducionista, seu trabalho aponta para a ruptura de padrões como forma de estabelecimento de uma nova personalidade, capaz de gerar outros resultados.

Ele defende que cabe a nós fazermos da vida algo além de um eterno ciclo de repetição do passado. Nosso cérebro tende a nos manter presos na mesma frequência, ou no estado de ser já conhecido e operante no dia a dia.

Então, é preciso romper com a armadilha do efeito colateral negativo, ativando áreas cerebrais criativas e diferenciadas, para gerar novos condicionamentos mentais e emocionais. Dessa forma, sua frequência vira e você se habilita a acessar o ciclo de conquistas que estou te apresentando nessa obra.

Que resultados são possíveis a alguém que passa dias, meses, anos, quem sabe a vida, sintonizado à frequência da derrota? Os piores possíveis. E muita gente sequer percebe a que está conectado, até porque não sabe que é possível buscar outras possibilidades. É como ouvir uma estação de rádio de um estilo que você não gosta, sem saber que outras frequências muito mais agradáveis estão aí, à disposição, desde que se habilite a acessá-las.

"Entendi, Fabio. Mas esse papo de imaginar, visualizar, meditar, prestar atenção no meu estado emocional, não é para mim. Eu nem tenho tempo."

Está aí uma objeção bem comum que nossa mente, ainda apegada a miragens e inimigos, nos prega. Por sinal, pode ser exatamente o que você está pensando agora.

Porém, fuja desse condicionamento! Tudo na vida é treino, construção, caminho. E basta apenas não dar o *start* para ir do nada a lugar algum. É necessário que você aja e se mova, buscando os estados mentais potencializadores de conquistas. Abandone o que mantém você ligado à frequência da derrota e faça o que te conduz para o fluxo da vitória.

Que tal um teste simples para perceber isso na prática? Experimente acordar e começar o dia assistindo um filme triste, ou o episódio da sua série favorita que mostra uma família despedaçada, uma pessoa sem perspectivas. Eu tenho certeza de que seu estado mental será de tristeza, amargura, desânimo, e você passará o dia de mal com a vida. Era tudo uma ficção, mas as agruras daquela história foram capazes de colocar você numa frequência negativa. É uma daquelas "jornadas de cão", em que o cliente liga reclamando, o pneu do carro fura, a assinatura daquele contrato fica para depois.

Mas aí, no outro dia, você aposta no contrário. Ao despertar, escolhe um conteúdo ficcional ou documental que fala de legado, sucesso, esperança, criatividade, novos rumos de vida; enfim, o foco é positivo. E você segue animado, disposto a fazer acontecer. Seu estado de ser é outro e parece mágica, porque as coisas fluem. Puxando bem pela memória, com certeza, todo mundo lembra de um dia assim, em que se conectou com a frequência da alegria, vitória e sucesso.

A ideia dos filmes é apenas um exemplo das inúmeras coisas a que estamos expostos o tempo todo. Ou você tem atenção aos estados emocionais, ao que permite ser absorvido pela sua mente, ou poderá se afundar no que baixa sua vibração. E não falha. A frequência com a qual você sintoniza determina a sua experiência. Quanto mais conectado a determinado estado – seja elevado ou inferior – mais encontrará acontecimentos relativos àquela frequência.

Seu erro é esse?

Deixa eu te dizer mais: você cumpre rotinas de fracasso e vive "drogas de dia" sem nem perceber. Um exemplo típico é o ritual do café da manhã assistindo telejornal, repetido por mero costume ou convenção. É a opção por permanecer no circuito da desgraça, pois seu dia começa com violência, tragédia e medo. Essas são as notícias que vendem, e a mídia usa esse poder de influência para nos controlar e nos manter paralisados diante da vida.

E como iniciar um dia no ciclo de conquistas?

O ponto é apostar em rituais que conduzem aos estados de pico, com: músicas e leituras que estimulam seu alto astral; manifestação de gratidão; meditação; respiração; imaginação e revisão de metas e objetivos

Não é nada complexo. São atitudes que ajudam a quebrar ciclos negativos, aquela baixa de energia que surge por causa do colaborador que se demitiu, da meta de vendas que não foi atingida, e assim por diante. Muitas vezes, a gente se mantém irritado por causa desses problemas rotineiros e compromete a semana, o mês, o ano... Então, decidir começar o dia de forma positiva vai fazer toda a diferença na sua rotina, acredite.

O poder das habilidades comportamentais

Agora vamos entrar num assunto que está ganhando protagonismo nas universidades e no universo corporativo: *soft skills*, ou habilidades comportamentais, um diferencial cada vez mais perceptível em pessoas fora da curva.

Falo de competências como saber expressar ideias de forma coerente e assertiva, ter empatia, buscar soluções ao invés de alimentar conflitos e ter habilidade em lidar com frustrações, entre tantas outras relacionadas ao nosso universo comportamental. Quem almeja coisas extraordinárias precisa se desenvolver emocionalmente – e ponto.

Para muitos de nós, isso soa até esquisito, porque contraria a tradição do aprimoramento técnico. Por exemplo: é muito comum um médico buscar sucesso a partir da qualificação de habilidades relacionadas ao exercício da medicina. Da mesma forma, o arquiteto faz cursos de novas técnicas arquitetônicas, e assim por diante.

O MBA, o aprendizado de línguas e as leituras técnicas estão na esfera das *hard skills*. É claro que isso tudo é fundamental e deve ser feito, como parte de um caminho de aposta em sermos profissionais cada vez melhores

Não estou dizendo que o aprimoramento técnico deva ser desprezado ou relegado. A sacada é desenvolvê-lo junto das habilidades emocionais. O extraordinário está no investimento em soft skills.

Lembre-se! Quem não olha com a devida atenção para o desenvolvimento do universo emocional está deixando de lado a chance de alcançar a alta performance.

Muita gente, infelizmente, considera bobeira algo tão poderoso para direcionar grandes resultados. Porém, competências técnicas e emocionais devem ser tratadas, no mínimo, com a mesma dedicação.

Pesquisas comprovam[7]

Buscando dados e estatísticas que me permitissem reforçar o valor das *soft skills*, encontrei algo bem curioso. Uma pesquisa da Universidade de Harvard, juntamente com a Fundação Carnegie, feita em 1918 – ou seja, há muito tempo – já apontava as habilidades comportamentais como 85% responsáveis pelo sucesso profissional. Às competências técnicas, segundo o estudo, resta uma contribuição de 15%.

E a força das *soft skills* se faz ainda mais presente num outro estudo, divulgado em 2021, sobre o futuro do trabalho. A pesquisa do *The World Economic Forum* menciona as habilidades emocionais como fundamentos dos profissionais preparados para os desafios de um mundo complexo, tecnológico e interconectado.

Das competências comportamentais presentes no relatório *The Future of Jobs*, constam aspectos como resiliência, flexibilidade, iniciativa, criatividade, inovação, liderança e capacidade de encontrar soluções para problemas complexos. Outro pilar é a inteligência emocional; assunto que tem o jornalista e pesquisador Daniel Goleman entre as principais autoridades.

Ele trabalha esse conceito a partir de cinco pilares: conhecimento das próprias emoções, conscientizando-se de forças e fraquezas; capacidade de gerenciar sentimentos, escolhendo respostas ao invés de apenas reagir por impulso; força de automotivação, dirigindo o universo emocional para a realização de objetivos; empatia, compreendendo e acolhendo os sentimentos alheios; e habilidades sociais para a construção de relacionamentos positivos, baseados em comunicação clara e atenta às demandas alheias.

---

[7] Fontes de pesquisa e referência: https://www.carnegiefoundation.org/ https://www.nationalsoftskills.org/
GOLEMAN, Daniel. *Inteligência Emocional: a teoria revolucionária que redefine o que é ser inteligente*. São Paulo: Objetiva, 1995.

> Estou trazendo todas essas bases e referências para reforçar o alerta de que sobram motivos para apostar no desenvolvimento emocional como uma ferramenta, ainda mais quando se quer uma transformação de vida e desempenho. O desenvolvimento desse conjunto de competências dinamiza seu perfil de liderança, faz você mais responsável, produtivo, resolutivo e focado em resultados, além de uma pessoa muito mais flexível, adaptável, original e engajadora.
>
> Quem está lendo esse livro, não pode deixar isso de lado, de jeito nenhum. Suas *soft skills*, nem de longe, devem ser tratadas como um mero complemento no seu processo de aprendizado contínuo. Entenda que elas alavancam sucesso e precisam compor o seu processo de qualificação e aprimoramento.

Entenda o setup a instalar

A desatenção a essas habilidades comportamentais é, por sinal, o exato ponto em que a imensa maioria das pessoas está falhando. Em geral, partimos do pressuposto de que o correto é buscar uma formação superior e seguir investindo constantemente na aprimoração técnica. Continuamos imersos numa cultura em que se conta com a faculdade e a qualificação rotineira como passaportes para o sucesso, na busca por ser um profissional tecnicamente melhor.

Só que esse caminho de foco total e único nas *hard skills* está errado. Porque se estivesse aí o segredo, o mundo estaria cheio de pessoas reconhecidas, realizadas, bem remuneradas e conquistadoras, afinal, as inúmeras faculdades pelo Brasil formam milhares de profissionais todos os anos – e a maioria não alcança o sucesso almejado.

É óbvio que as competências técnicas são imprescindíveis. Não há a menor chance de eu ou você entregarmos nosso cérebro para um neurocirurgião tecnicamente desqualificado operar, por exemplo. É necessário ser muito bom no que se faz, e eu jamais renegaria isso. *Hard skills* são obrigatórias e indispensáveis, sem sombra de dúvida.

O porém é que competência técnica não basta para ser bem-sucedido e, por isso, tantas pessoas extremamente capazes e qualificadas não atingem altos patamares de sucesso e resultados. E aqui está a sacada do capítulo que você percorreu comigo, conhecendo elementos para os quais ninguém te chama atenção.

O meu trabalho de pesquisa e construção do ciclo de sucesso me levou a entender claramente que os pontos traçados especificamente neste capítulo são, de fato, o combustível que move sua engrenagem para o sucesso.

Nos diagramas a seguir, apresento de forma clara e didaticamente o olhar de que você precisa abrir mão e o *setup* que precisa construir para estar apto a rodar no mecanismo das conquistas.

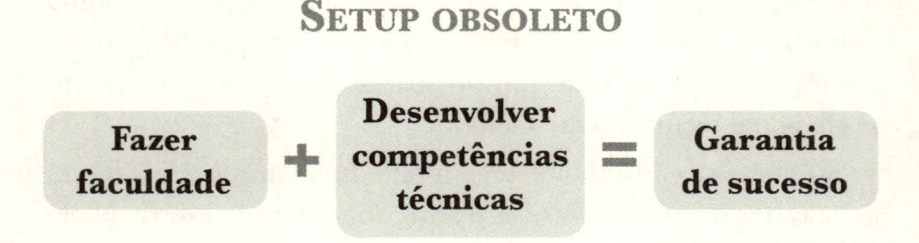

SETUP OBSOLETO

Fazer faculdade + **Desenvolver competências técnicas** = **Garantia de sucesso**

Setup do sucesso

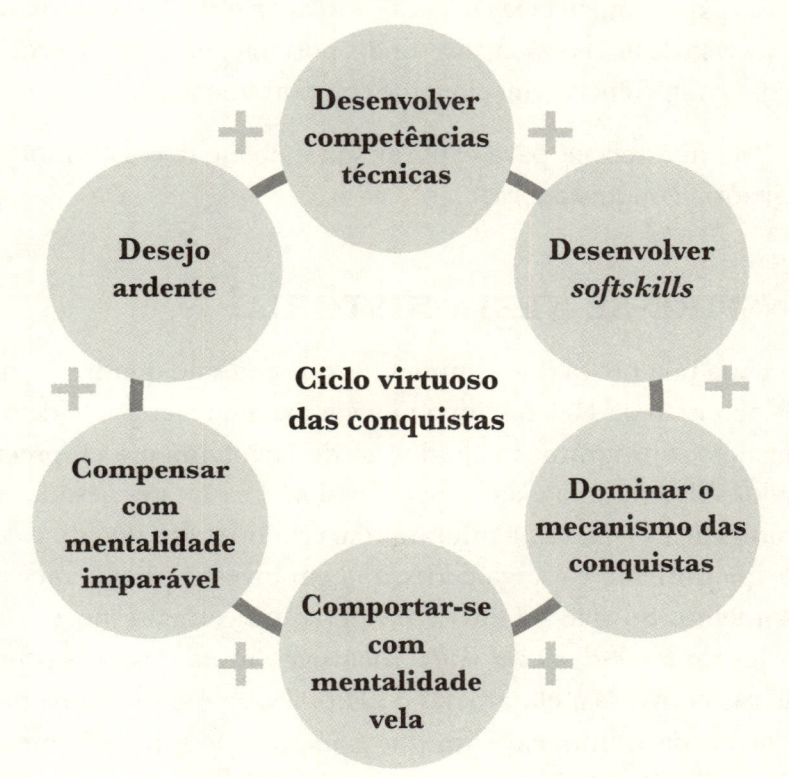

Ciclo virtuoso das conquistas

- Desenvolver competências técnicas
- Desenvolver *softskills*
- Dominar o mecanismo das conquistas
- Comportar-se com mentalidade vela
- Compensar com mentalidade imparável
- Desejo ardente

Em outras palavras, é imprescindível:

- Ter sonhos, objetivos e metas e o desejo ardente de conquistá-las, com foco total e aquela sensação de "nada vai me impedir".
- Construir na sua mente o que deseja conquistar.
- Entender o ciclo: criar na mente, tomar as atitudes necessárias e materializar os sonhos.
- Compreender o quão fundamental é manter distância do ciclo da derrota todos os dias, abastecendo a frequência da vitória com práticas simples e rotineiras.

▶ Levar em conta que Harvard, já em 1918, mapeou que *hard skills*, ou competências técnicas, são apenas 15% da receita de sucesso de uma pessoa; investindo, portanto, na potencialização das competências emocionais e comportamentais.

Está aí a receita para calibrar sua mente e te encaminhar à trajetória conquistadora.

Inspire-se nesta história!

Uma boa prova dos argumentos presentes no quadro acima é o percurso da Helena, uma nutricionista que fez parte de um dos nossos programas voltados ao desenvolvimento empreendedor. Ela era uma excelente profissional e investia pesado em qualificação técnica. Tinha um currículo lotado de cursos de aprimoramento e estava certíssima em investir no seu aperfeiçoamento. Só que falhava em operar unicamente no *mindset* da faculdade e das *hard skills*. Inclusive, numa das nossas primeiras conversas, ela afirmou: "Fabio, esse é o primeiro movimento da minha carreira que não envolve especificamente a nutrição. Até hoje, só convivi com nutricionistas e só falava desse assunto."

E aí estava a explicação do porquê ela se percebia patinando. Ela tinha uma musculatura fortíssima em termos de competências para o exercício da profissão, mas os elementos de programação para frequência da vitória estavam totalmente de lado. Ficou simples de entender o motivo que fazia dela, bem como muitos outros excelentes nutricionistas, profissionais muito bons, mas que não se tornam referência, não ganham autoridade, mantendo-se numa trajetória mediana.

Aprimoramento técnico é uma peça inquestionável da engrenagem das conquistas, mas, com todas as outras negligenciadas, a vida extraordinária não é atingível. Eu estava diante de uma pessoa com um potencial gigantesco, mas que estava estagnada por não perceber como necessários todos os passos do *setup* de sucesso.

O PROCESSO DE VIRADA

O trabalho feito com a Helena envolveu:

- Definição clara de metas e objetivos calçados em conquistas que ela desejava muito.

- O trabalho de tornar-se o que ela buscava ser, construindo na sua mente as conquistas que perseguia.

- Planos e ações que ativaram e tornaram concreto o circuito de ser, fazer e ter.

- Elementos e hábitos para se manter na frequência da vitória.

- Mapeamento e desenvolvimento das *soft skills* que ela precisava incrementar.

Ficou claro, para a Helena, que o investimento forte na formação e nas *hard skills* era uma etapa crucial, mas precisava do suporte dos nossos cinco passos para a trajetória conquistadora, pois até então ela estava apostando exclusivamente no que devia ser apenas um componente e uma pequena percentagem do processo.

A boa notícia é que os resultados práticos surgiram. Ela se tornou, além de tecnicamente preparada, uma pessoa confiante e positiva, que conhecia os objetivos e era assertiva em persegui-los. Melhores clientes, maior remuneração, mais autoridade e conquistas foram consequência natural.

Momento de consolidação

Agora, preciso reforçar o quão importantes são os conceitos que eu trouxe aqui. Sem brincadeira. São elementos que garimpei em anos de estudo, dedicação e investimento nos melhores mentores e grupos de empresários, além de testar e validar na prática.

Minha trajetória empreendendo e mentorando negócios dos mais diferentes segmentos faz de mim alguém que vive o jogo no dia a dia. Chegar ao sucesso é altamente prazeroso, mas também desafiador. Antes de continuar, preciso reforçar a pergunta: você está no jogo e pronto para um novo estágio?

Garanto que vai valer a pena, porque seguiremos dando passos largos na construção de uma mentalidade vencedora. E só ela ancora pessoas e negócios que rodam no ciclo das conquistas. Antes disso, aquela pausa necessária para sistematizar os conceitos do capítulo.

Começamos com a identificação

Para cada item a seguir, atribua uma nota de 0 a 10, determinando seu grau de identificação com esse item. Você vai colocar zero no caso de não ter identificação, dez para os casos em que se enxergar totalmente naquela postura e notas intermediárias conforme se reconhecer mais ou menos como alguém que se conduz nessa linha.

Desejo ardente

☐ ☐ ☐ ☐ ☐ ☐ ☐ ☐ ☐ ☐ ☐
0   1   2   3   4   5   6   7   8   9   10

Tornar-se quem deseja ser

☐ ☐ ☐ ☐ ☐ ☐ ☐ ☐ ☐ ☐ ☐
0   1   2   3   4   5   6   7   8   9   10

Mecanismo das conquistas – ser, fazer e ter – ativado

☐ ☐ ☐ ☐ ☐ ☐ ☐ ☐ ☐ ☐ ☐
0   1   2   3   4   5   6   7   8   9   10

Frequência da vitória mantida diariamente

☐ ☐ ☐ ☐ ☐ ☐ ☐ ☐ ☐ ☐ ☐
0   1   2   3   4   5   6   7   8   9   10

Soft skills mapeadas e trabalhadas

☐ ☐ ☐ ☐ ☐ ☐ ☐ ☐ ☐ ☐ ☐
0   1   2   3   4   5   6   7   8   9   10

PARA REFLETIR E RESPONDER

1. Que meta desperta em você um desejo ardente? Concentre-se em uma única coisa que deseje muito conquistar e determine um prazo.

_____
_____
_____
_____

2. Vamos ao tornar-se quem deseja ser. Como será sua vida quando você atingir sua meta? Disponha-se a esse exercício de imaginar e construir mentalmente a conquista.

_____
_____
_____
_____
_____

3. Que ações vão ajudá-lo a chegar lá? É preciso traçar o ser, fazer e ter.

_____
_____
_____
_____
_____

4. Como você vai se manter na frequência da conquista? Quais hábitos você está disposto a manter para ativá-la todos os dias?

_____
_____
_____
_____
_____

5. Quais *soft skills*, ou habilidades comportamentais, você precisa desenvolver?

_____
_____
_____
_____
_____

    Após esse momento de consolidação, onde você refletiu sobre seus desejos, metas e o que você precisa para se manter na frequência das conquistas, preparei um conteúdo que servirá como o próximo passo, o que você precisa fazer a partir das suas conclusões, e que disponibilizo no **QR** Code da página 159.

Seja obsessivo em perseguir suas conquistas e faça de tudo para torná-las **REALIDADE.** Pessoas de ação são aquelas que concretizam sonhos.

@pimenta_digital

CAPÍTULO 4

ATIVE A MENTALIDADE VELA

Te encontrar aqui me faz acreditar em você como alguém convicto de que a mudança é possível e deve ser feita. E é disso que você precisa para entrar no ciclo das conquistas. Agora que já ativamos a *vibe* certa para isso, precisamos trabalhar os comportamentos que direcionam o caminho.

Nessa etapa da nossa jornada, eu falo sobre hábitos e pensamentos que você precisa desenvolver para desancorar de vez. Daí o nome **mentalidade vela**. São passos que vi fazendo total diferença na minha vida e no caminho de muitas pessoas que ajudei a alavancar.

Vai ser uma etapa prazerosa do nosso percurso, só depende da sua confiança em mim e de abrir a mente para romper o ciclo limitado que tanto te incomoda. Isso, via de regra, tem a ver com dois cenários. Ou você está numa vida sem resultados, na qual se sente fracassado; ou é aquela pessoa bem-sucedida que estacionou e anseia por novos patamares, sem entender onde está a trava que está te impedindo de melhorar seu desempenho.

Vamos destravar e iniciar o mecanismo vitorioso das conquistas?

Passo a passo para ativar a mentalidade vela na sua rotina

Objetivo na ordem do dia. Tenha metas claras e rota de ação.

Eu simplesmente não acredito em objetivos que não estejam escritos na ordem do dia[8]. Ou é assim, ou você corre o risco de cair na armadilha das famosas metas de réveillon. É tão comum a gente dizer "este ano quero tal coisa". Só que não dá certo se não estiver escrito, visível e devidamente transformado num plano de ação, fatiado em pequenas metas que você monitora.

Alguém que não tem contato visual com o que pretende alcançar e não traçou passos diários, mensais, trimestrais, semestrais, anuais para isso, diminui drasticamente as chances de chegar lá. Então, inclua seus objetivos e metas na ordem do dia. Isso reforça os elementos de se tornar o que deseja e habilita sua mente à necessária visualização para tornar sonhos realidade, como bem trabalhamos no capítulo anterior.

Dia desses, me chamou atenção um vídeo postado numa rede social pelo Grant Cardone, e que tem a ver com esse assunto. Ele é um investidor americano bilionário, bem polêmico por conta do estilo ostentatório, mas compartilha umas sacadas válidas. E foi o caso desse vídeo em específico. Ele estava entrando num jatinho, virou para a câmera e disse o seguinte: "Sabe por que estou indo em meu avião particular e você vai entrar no máximo em um carro? Provavelmente, você definiu suas metas no dia primeiro de janeiro e não olhou mais para elas. Ao invés da sua única vez, tenho contato com minhas metas em 700 momentos do ano, porque me dedico a olhar para elas duas vezes ao dia.".

---

[8] Uso esta expressão para explicar o ato de trazermos para o dia de hoje as ações que nos levam a concretizar nossos objetivos anuais.

Nesse sentido, veja alguns passos simples que podem te ajudar:

Ponto 1: antes de mais nada, defina seus objetivos de maneira clara. Está fora de cogitação ser aquela pessoa "deixa a vida me levar". É fundamental traçar o que está perseguindo.

Ponto 2: escreva seus objetivos. É preciso manifestar seriedade e comprometimento em alcançá-los.

Ponto 3: tenha contato visual com seus objetivos todos os dias do ano, sem exceção. Vale escrever no espelho do banheiro, no seu planner, na tela de fundo do computador. A escolha é sua. O que não pode é perder de vista!

Ponto 4: crie uma rota de ação. Isso se faz, basicamente, fatiando seus objetivos em pequenas metas, que vão funcionar como trilhas para chegar àquela realização. Dessa forma, você deixa claros os passos que dará todos os dias para atingir os objetivos do ano, por exemplo. Então, você monitora o percurso, avaliando se resultados semanais, mensais, trimestrais e semestrais foram atingidos. A falta disso é o que faz as pessoas andarem às cegas e colecionarem metas não atingidas, por falta de um plano de implementação.

Percebe o grau de sofisticação desses pontos? O potencial de concretizar seus objetivos é infinitamente maior ao de alguém que pensa "tomara que eu tenha um bom ano". Quem pensa assim simplesmente não sabe para onde está indo. E como já diz a célebre frase: "para quem não tem destino, qualquer vento serve".

Esse caminho que sinalizo permite perceber e controlar os passos dados na direção das metas. É uma diferença brutal! Não é à toa que, na obra *A Lei do Triunfo*[9], Napoleon Hill traz o objetivo claro e definido como a primeira regra do sucesso.

---

[9] HILL, Napoleon. *A Lei do Triunfo*. Rio de Janeiro. José Olympio, 2017. Título original: *The law of success in the sixteen lessons*.

Hora de exercitar!

Já tive mentorados que começavam o ano com foco em conquistar 120 clientes e chegavam a 31 de dezembro com 20, simplesmente por não trabalharem seus objetivos na ordem do dia. Veja no diagrama o que eles deveriam ter feito. Você pode adaptar aos projetos, sonhos e objetivos que estão no seu radar. Faça e verá como vale a pena!

Identifique seu principal desafio
Suponhamos que seja a expansão do seu negócio e que até o final do ano você deseja ter 120 novos clientes.

▼

Meta do semestre!
O que precisa ser feito **no semestre** para atingir esse objetivo? **60 clientes novos.** É metade da jornada cumprida.

▼

Meta do trimestre!
O que precisa ser feito **no trimestre** para atingir esse objetivo? **30 contratos** devem ser assinados.

▼

Meta do mês!
O que precisa ser feito **no período de um mês** para atingir esse objetivo? **10 clientes** devem ser conquistados.

▼

Meta da semana!
O que precisa ser feito **no período de uma semana** para atingir esse objetivo? **A cada três dias, um contrato** precisa ser fechado.

▼

Meta do dia!
O que precisa ser feito **hoje** para atingir esse objetivo? **Começar a contatar e prospectar** futuros clientes.

Se a sua dificuldade é construir metas e definir desafios de impacto, também vou te ajudar. O QR Code da página 159 dá acesso a uma aula que te ajudará a traçar objetivos coerentes e realizáveis nas sete esferas da vida: física, profissional, familiar, espiritual, intelectual, financeira e social.

Aprendizado contínuo. Parar é ficar para trás.

Esse é um elemento que não falta em quem atinge grandes patamares, seja na vida pessoal ou nos negócios. Especificamente em se tratando dos empreendedores, costumo dizer que parar de aprender, ou achar que sabe o bastante, é o que de fato significa morrer.

Os analistas da Fórmula 1, por exemplo, destacam que, se um piloto continuar conduzindo seu carro na mesma velocidade, sem se desenvolver e sem o acompanhamento da equipe, facilmente ficará para trás, porque muitos outros terão foco em performar melhor e vão ultrapassá-lo. A sede em aprender e se aprimorar é um elemento crucial para as conquistas. Gente com mentalidade vela, pronta a conduzir a vida e os negócios aos próximos níveis, está atenta a isso.

Nesse contexto, vale reforçar dois conceitos fortes na cultura corporativa americana: *Continuous Reskilling* diz respeito à manutenção do ciclo de aprendizado constante, se comprometendo em aprimorar o que sabe e desenvolver novas habilidades, o que está totalmente relacionado à ideia de *Lifelong Learning*, em que se visualiza a aquisição de conhecimento como um processo vitalício, que jamais acaba. Esses dois princípios são um indício claro de que o modelo de ensino e das faculdades com que estamos acostumados está falido e deve desaparecer em breve. Não há mais como alguém passar por uma formação de alguns anos e se considerar pronto. Se aponta como tendência, por exemplo, a assinatura vitalícia de plataformas de ensino conectadas às universidades, para estar em contato com novidades e abastecer esse circuito de reaprendizagem de forma contínua.

Olhe para a parte vazia do copo, a que ainda precisa ser preenchida de conhecimento. Há sempre algo a aprender com alguém. Uma única palavra ou ideia trazida por um curso, palestra ou leitura pode mudar sua vida. Junte-se a pessoas diferentes de você, ouça os outros, participe de movimentos. Não há ponto final no que você precisa saber e aprender.

Aprendizado rápido. Absorva experiência e ganhe tempo.

Complementando o item anterior, vem a habilidade de aprender com os erros dos outros. Nem sempre é preciso cair ou fracassar para absorver algo que leva a outro estágio. Pessoas inteligentes, sagazes, sabem o valor de entender onde outros falharam, para não cair na mesma cilada.

Essa é uma das chaves dos grupos de empresários que se unem com objetivo comum de crescimento. Eu participo de alguns e vejo isso acontecendo o tempo todo. Há situações em que falo sobre um plano ou ideia e alguém do grupo, que já testou essa estratégia, me alerta para não seguir, porque tropeçaria logo na frente. Percebe o ganho de tempo e energia que isso representa?

Mentalidade vela envolve conexão com pessoas e ouvido atento para os erros que não se deve cometer. Acredite. É um atalho e tanto aprender com as falhas dos outros. Mente aberta, portanto, ao que lhe ensinam as vivências alheias. Poupar sofrimento significa aprendizado rápido!

Olhe para a parte vazia do copo, a que ainda precisa ser preenchida de conhecimento. Há sempre algo a aprender com alguém. Uma única palavra ou ideia trazida por um curso, palestra ou leitura pode **MUDAR SUA VIDA.** Junte-se a pessoas diferentes de você, ouça os outros, participe de movimentos. Não há ponto final no que você precisa saber e aprender.

@pimenta_digital

Atenção: não estou propondo que você não se permita falhar. Essa conduta pode ser perigosa, porque ter medo demais dos riscos também é algo que trava. É impossível acertar sempre, e os erros são importantes por conduzirem ao aprendizado.

O segredo é o equilíbrio. Sempre que possível, evite os erros, mas quando os fracassos vierem, saiba convertê-los em aprendizado. Isso faz das falhas a armadura que nos blinda e prepara para conquistas maiores. O que dói na alma, no coração, no bolso, ou seja, o que sentimos na pele tem um enorme potencial transformador.

Há uma frase atribuída a Nelson Mandela que diz muito sobre esse assunto: "Eu nunca perco! Ou eu ganho, ou aprendo". E não se trata de romantismo ou apego às derrotas, porque quem romantiza falhas só está abastecendo o ciclo do fracasso. O ponto positivo é que, olhando dessa forma, os obstáculos viram aprendizado e as quedas, fator de impulso. Você ganha força para o processo de conquistas.

Atitude e ousadia. Seja quem toma a frente!

Está aí um fator da mentalidade vela que promove uma diferença impressionante e que constato com frequência. Meus mentorados com alto desempenho são aqueles que têm atitude, que simplesmente vão lá e fazem. Falo de pessoas que, logo que apresento uma determinada estratégia, já estão providenciando que aquilo seja feito.

Sabe qual é o poder disso? Tornar você alguém que sai na frente. Na vida, existem três tipos de pessoas: as que fazem acontecer, as que olham as coisas acontecendo e as que perguntam: "o que aconteceu?". Eu recomendo ficar no primeiro grupo. Ele é muito menos concorrido e absurdamente mais lucrativo e conquistador. Portanto, desenvolva a garra de fazer acontecer. Você pode até errar, mas, nesse caso, vai ter descoberto o que não repetir.

E lembre-se: a implementação precisa ser rápida. Quando o poder de agir se alia à agilidade, tudo fica ainda melhor. Preciso reforçar isso para que você não se deixe vencer pela procrastinação e pelo perfeccionismo, alguns dos inimigos que ficam à espreita para nos manter na roda do fracasso.

Aquele dito popular que falava sobre os maiores engolirem os menores ganhou nova versão. São tempos em que os mais rápidos fazem os mais lentos comerem poeira. Portanto, se você aliar capacidade de agir com implementação rápida, não há nada que segure seu crescimento.

Persistência "irritante". O poder de encarar os desafios.

Grande parte das histórias de sucesso (se não todas) que você conhece e acha inspiradoras exigiram uma dose de persistência que nem passa pela sua cabeça. Thomas Edison, por exemplo, só se tornou o inventor da lâmpada a partir de incontáveis experimentos – há quem diga que foram milhares. E, para ele, cada tentativa foi encarada como uma nova forma de entender como aquilo não funcionava. Walt Disney foi outro por muitas vezes desacreditado, tendo seu sonho tratado como um projeto lunático.

Desancorar é para quem faz até dar certo, sem se render às dificuldades. Preste muita atenção: desistir, jamais. Insistir, fazendo sempre do mesmo jeito, é teimosia. Já persistir tem a ver com a descoberta de novas formas para fazer acontecer. Portanto, tenho duas dicas: não queira acertar tudo de primeira e elimine a preguiça de pensar em alternativas, em novos jeitos de fazer as coisas. Ou seja, não basta apenas se dispor aos riscos e implementar com velocidade, também é preciso ser persistente e criativo.

Resiliência "brava". Saiba se erguer rápido!
A mentalidade vela tem na resiliência um princípio que não está em negociação. Na física, esse conceito é tratado como a capacidade que certos materiais possuem de retornar ao estado original depois de sofrerem deformação – um sentido metaforicamente utilizado para nos referirmos a quem se adapta às mudanças, sendo altamente capaz de se recuperar dos baques. É como o bambu chinês que vira a noventa graus quando os ventos batem, colando no chão, mas volta ao seu eixo. E as ventanias chegam para todos nós. Não tem jeito. Nem tudo transcorre como a gente desenha, ou segue nossas expectativas. Surge o problema familiar, o relacionamento que acaba, o cliente cancelado, o desentendimento com o sócio. E isso realmente atinge e pode derrubar qualquer ser humano.

O ponto-chave da resiliência está na velocidade em se reerguer. Você pode passar dias, meses, anos, décadas ou até uma vida inteira ali naquele vale. Porém, quanto menor esse tempo, antes virá o seu empenho numa nova tentativa e, consequentemente, a retomada da trajetória de sucesso.

Sim, você vai enfrentar problemas, vai chorar e sofrer. Contudo, não se deixe definir pelos obstáculos, não permita que eles te desviem do caminho que você vem trilhando. Resiliência é aprender a lidar com as baixas, se permitindo absorver os golpes e erguer a cabeça, encontrando novas alternativas e caminhos.

Consistência para levar além. Não seja vencido pelo imediatismo.

Até aqui, falamos de persistência e resiliência. Agora, chegou a vez de nos debruçarmos sobre o poder da consistência, que fecha esse triângulo, porque todos esses comportamentos acabam relacionados entre si. São pontos em que bato firmemente, porque estão entre os segredos para desenvolver a mentalidade vela e chegar ao sucesso.

Com uma suposição simples, você vai entender o porquê. Digamos que você esteja acima do peso e, então, procura nutricionista e academia, sendo orientado a manter uma rotina de exercícios específica por 50 minutos diários, seguindo uma dieta com parâmetros determinados. Na primeira semana, tudo é feito direitinho, mas mesmo comendo tudo certinho e se esforçando na atividade física, você se olha no espelho e percebe o quê? Nenhuma mudança.

Mas o ponto é que a falta de um resultado palpável não significa que a transformação não esteja ocorrendo. É necessário tempo e repetição para que esse esforço vá se tornando visível. Experimente se alimentar direitinho e manter a atividade física por um mês, três meses, um ano. A tal da consistência no processo vai repercutir no corpo que você deseja.

Com o marketing corporativo também é assim, por exemplo. A estratégia inicial e uma única campanha não resolvem o problema da empresa. Mas fazer isso a cada dia, num trabalho que vai se acumulando em semanas e meses, transforma a visibilidade, levando a marca para novos patamares. Experimente postar vídeos diários durante um ano, ao invés de ficar no primeiro. Ao final desse período, você provavelmente será uma referência, uma das pessoas com o maior conteúdo audiovisual do mundo acerca daquele tema. Justamente porque muita gente começa, mas não continua. Sua consistência tem o poder de ajudar você a ser alguém acima da média. É preciso entender a necessidade de fazer o que precisa ser feito, consistentemente, perseguindo o resultado.

O poder da disciplina. Resista à recompensa imediata.

Disciplina é outro pressuposto da mentalidade vela. Ela consiste em abrir mão de um ganho rápido e bem atrativo, em prol de algo muito mais gratificante no futuro. A falta dessa visão é mais um dos elementos que mata os planos de ano novo – ainda no mês de janeiro.

O famoso experimento do *marshmallow* ilustra a importância de ser disciplinado. A metodologia já foi aplicada em diferentes pesquisas e momentos, mas a versão original é atribuída a um grupo de pesquisadores da Universidade de Stanford liderados por Walter Mischel, com resultados iniciais publicados em 1972.

O foco do estudo era verificar nossa capacidade de adiar recompensa e os impactos em treiná-la. Tudo acontecia a partir da seguinte dinâmica: 32 crianças entre 3 e 5 anos foram apresentadas a um prato com *marshmallow*. Então, o pesquisador explicava que deixaria a sala por 15 minutos e, caso o doce ainda estivesse lá na sua volta, a criança ganharia outra guloseima igual.

De cara, já foi possível chegar a algumas conclusões interessantes. As crianças mais confiantes nos pesquisadores e que realmente acreditavam na recompensa foram mais hábeis em esperar para comer os doces. Outro ponto determinante no perfil de quem aguardou foi aproveitar outras distrações. Algumas crianças, como informam os textos que pesquisei sobre o experimento, cantavam para o tempo passar mais rápido. As crianças que esperaram pela gratificação prometida, em geral, não eram as que se mantinham obcecadas pelo doce à sua frente.

Mas as percepções mais interessantes vieram com a continuidade da pesquisa. Essas mesmas crianças foram sendo acompanhadas e, num novo estudo, publicado em 1988, os pesquisadores detectaram que os pequenos aptos a esperar pela recompensa se mostraram mais hábeis social e academicamente. Eram adolescentes mais racionais, atenciosos e que lidavam melhor com estresse e frustração. E num novo relatório de pesquisa, de 2012, o aguardo pela gratificação tardia foi associado a índices de massa corporal mais baixos, nesses indivíduos já adultos.

É um excelente indicativo de que disciplina e autocontrole geram resultados melhores considerando as esferas financeira, profissional e emocional. A boa notícia é que falamos de habilidades e características treináveis, quer dizer, comportamentos que você pode desenvolver e direcionar.

Ajuste a equação tempo, prioridade e energia.
Uma conduta disciplinada vai, inclusive, reverter positivamente mais um dos itens que mapeei como parte da mentalidade vela. É o que chamo de energia canalizada, cuja falta promove inúmeros estragos.

Um caso típico é a pessoa que tem o famoso plano B. Infelizmente, em muitos casos, a existência dessa alternativa é o que estraga o plano A. Você acaba se prendendo a pensamentos do tipo: "Vou entrar neste novo negócio. Não há nada a perder. Se não der certo, meu emprego estável mantém meu padrão de vida atual".

Essa "segurança" – bem entre aspas – da rota secundária é o que nos impede de apostar as fichas e fazer acontecer o plano A. O caminho de manter os pés em duas canoas tem tudo para dar errado. Quando atendo clientes que estão empreendendo mas continuam no emprego CLT, garantindo colocar 100% de energia nas duas atividades, eu simplesmente pergunto: "Por acaso você tem 200% para entregar?". Ninguém tem. Então, sobrará no máximo 50% para cada lado. É impossível trabalhar meio período no negócio próprio e render o mesmo que alguém dedicado em tempo integral. Se o mercado for o mesmo e ambos tiverem a mesma competência, a pessoa que se empenha *full time* vai simplesmente engolir a outra.

Energia canalizada é saber para onde está indo e direcionar todo o empenho naquilo. Quando se tem várias empresas, por exemplo, não há como distribuir energia. É preciso ter, em cada uma delas, pessoas totalmente empenhadas. Os empreendedores seriais – aqueles especializados em criar diferentes negócios e idealizar suas estratégias – se caracterizam justamente pela habilidade em construir a organização e encontrar um CEO, ou sócio, que vai ter dedicação exclusiva a cada negócio. Sua paixão é colocar empreendimentos em pé, encontrando o apoio de lideranças que fazem o negócio girar.

O PODER DA ENERGIA CANALIZADA

É bem conhecida a história do explorador Hernán Cortez que ganhou fama por dominar o Império Asteca e conquistar a Cidade do México. Conta-se que, no desembarque de uma de suas expedições, ele percebe sua trupe bastante apreensiva. Os soldados ficaram amedrontados ao depararem-se com o povo nativo.

Um dos liderados, inclusive, confidencia e declara o temor, dizendo: "Vamos começar a luta. Se não der certo, subimos no navio e rumamos de volta".

Era a deixa de que Cortez precisava para agir, direcionando a energia do grupo. Ele, então, ordena, sem titubear: "Queimem os navios!"

Se imagine sendo um desses expedicionários. Não teria alternativa. Era ganhar ou morrer, certo? Não havia plano B. Seguir e vencer se tornou a única opção. Você tem alguma dúvida do direcionamento que isso potencializou?

Esse é o poder da energia canalizada. Não há tempo a perder nem nada que permita voltar atrás. Só resta olhar avante e perseguir o objetivo. Você faz o que precisa ser feito com enormes chances de alcançar aquele resultado. Use isso a favor dos seus resultados. Seja quem permite dar fim ao que pode te segurar.

Ter foco é dizer não!

Eu tenho essa frase praticamente como um mantra e não poderia deixá-la para trás, justamente quando está em pauta o estabelecimento de direção. Uma das melhores habilidades de quem é focado é dizer sonoros nãos, mesmo que seja para grandes oportunidades – mas que atrapalhariam o caminho rumo ao objetivo principal.

Perceba que não falo de um processo bitolado de quem não se permite olhar para os lados. O ponto é manter força na direção que você mirou, tal como na história sobre a caça do emu.

Tempo é ativo. Aprenda a valorizá-lo!

Do olhar focado deriva outro princípio crucial para pessoas com mentalidade vela. Elas sabem o valor do seu tempo, um ativo finito e igual para qualquer um de nós. Tendo um único real, ou bilhões na conta, seu dia tem 24 horas, e o fato de usar bem esse intervalo tem relação direta com o nível de resultado que se atinge. É preciso gerenciar o tempo com inteligência e estratégia, não investindo algo tão precioso com o que não agrega.

Cuidar do tempo com atenção a cada minuto (que simplesmente não volta) é uma chave para ter sucesso. Por mais que se diga "amanhã trabalho o dobro", um dia mal aplicado e desorganizado – seja com reuniões que poderiam ter sido um e-mail, seja com retrabalho por falta de planejamento – não se recupera.

Para implementar

Gerenciamento de prioridades e organização do tempo são condutas constantes e exigem nossa atenção diária. Para te ajudar nisso, vou apresentar a você uma ferramenta que me traz muitos resultados: as **quatro listas**.

Vamos aos passos para você aplicar:

- ❖ Liste absolutamente todas as suas tarefas diárias
- ❖ Separe entre vitais – aquelas que efetivamente conduzem aos objetivos – e triviais – aquelas atividades rotineiras e geralmente delegáveis.

1. Gere a lista **do desfazer**, em que aponta tudo que faz sem necessidade, como uma planilha que ninguém usa ou acessa, por exemplo.
2. Gere a **lista do não fazer,** com o que precisa ser feito, mas deve ser repassado a alguém.
3. Gere a **lista do fazer,** com atividades que devem ser mantidas e não são delegáveis.
4. Gere a **lista do super fazer**, com tarefas às quais não se dedica, mas que deveriam contar com seu empenho.

É surpreendente o que a gente percebe diante de uma análise dessas. Tive um mentor que certa vez me disse: "vou te provar que 80% do que você faz durante o dia é lixo". De cara, me senti desafiado e questionei. Mas, de fato, quando nos dedicamos a avaliar as atividades, se torna gritante o mau uso do tempo. E isso atrapalha demais o crescimento pessoal e dos nossos negócios.

Outro aspecto importante é o que o André Franco, especialista em ultraperformance nos negócios, chama de gestão de energia. Ele alerta que só conseguimos nos manter na zona de alto desempenho por um tempo determinado, por isso, é fundamental intercalar atividades de alta concentração com intervalos que permitam descomprimir.

A técnica Pomodoro, proposta pelo pesquisador italiano Francesco Cirillo, é uma boa forma de pensar essa gestão do tempo. Ele sugere 25 minutos de atividades com foco total, permeadas por pausas de 5 minutos, até que se completem 2 horas de trabalho. Fechado esse ciclo, o descanso deve ser de meia hora e, então, o processo recomeça. Nesses momentos de intervalo, vale jogar videogame, vagar pela rede social, fazer caminhada, meditar, ouvir música. O importante é se renovar e ganhar energia para mais um pico de forte atividade. Não investir nesse equilíbrio diminui a capacidade de tomar decisões corretas e gera cansaço. Então, crie seus momentos para retomada dos picos de energia.

Aponte a seta para o alvo certo!

Muito se fala sobre o mundo estar em transformação. No fundo, estamos diante do abalo das certezas que tínhamos sobre como tudo funcionava. O mercado de trabalho é outro; o mundo corporativo é globalizado, competitivo e tecnológico; as relações mudaram e, sim, é complexo para qualquer ser humano lidar com isso tudo.

Pessoas de mentalidade vela, com foco em inteligência e estratégia, enfrentam essas crises ampliando horizontes mentais e desenvolvendo flexibilidade. Boa prova disso são as *startups* e os jovens empreendedores, que vêm dominando o mercado por abraçarem o novo e as mudanças, sabendo aplicar um princípio fundamental para alavancar resultados nesse cenário corporativo diferenciado. É preciso entender, de uma vez por todas, que uma empresa é um grupo de pessoas resolvendo problemas de outro grupo de pessoas.

Quando isso fica compreendido e incorporado, a seta do negócio, aquilo que mobiliza o empreendimento, aponta para a direção correta. Tenha muito claro que a seta de um negócio jamais pode estar virada para ele próprio. Enxergar isso é disruptivo. No mundo corporativo tradicional, o pensamento do empreendedor era: "Quero ganhar dinheiro abrindo uma empresa. Vamos ver o que posso vender para satisfazer esse anseio". Só que hoje a lógica é outra, ou seja, você precisa observar um problema vivenciado pela sociedade ou por um grupo de pessoas determinado, e se perguntar: "Como isso pode ser resolvido?".

Uma empresa é, no fundo, um grupo de pessoas buscando oferecer soluções para um certo público-alvo. Pense em desejos, demandas, necessidades a serem atendidas. Há uma verdade indigesta, mas que precisa ser encarada. A qualquer momento, um cliente pode simplesmente investir dinheiro em outra marca ou produto, se não estiver satisfeito. Quer dizer, ao contrário do que muitos podem pensar, quem dá as cartas é o cliente e não o dono do negócio.

O empreendedor visionário, esse de mente aberta e flexível, preparado para o alto desempenho, não é o que busca extrair do mercado. Portanto, pense em originar negócios cuja seta é voltada para o público, que é o fim, e não o meio para suas metas serem atingidas. Lucro vem como consequência; é o aplauso, o reconhecimento pelo seu trabalho.

"Fabio, minha empresa nasceu no olhar tradicional, com a seta virada para mim. O que eu faço?".

Calma! Tem jeito. O caminho é reconstruir, virando a seta. Aplicar tudo que venho ensinando aqui já é um excelente caminho. Planeje estratégias que tenham o cliente como figura central. Tenha sempre presente que, quanto mais conhecer e entender o cliente, apostando em entregar o seu melhor para o mundo, mais apto estará a se relacionar melhor e assumir protagonismo, gerando impacto absurdamente positivo na vida de quem convive com você.

Networking: invista nisso e ganhe força!

Quando se fala de seres humanos e empreendimentos que geram valor, entra em jogo uma ferramenta poderosa e dominada pela mente vela: a capacidade em se conectar com pessoas e construir redes de relacionamento valiosas. Eu gosto de dizer que *networking* vale mais que dinheiro, pois quem tem relacionamento tem tudo.

Estar ao lado de pessoas incríveis e possibilitar parcerias valorosas é um dos melhores caminhos para dar saltos e passar de fase. Essa visão me move a participar e construir grupos de negócios e me conectar com empreendedores e pessoas que admiro. É um passaporte para uma atmosfera em que você está a uma conversa ou mensagem de insights para as melhores decisões. Uma única ideia em uma mesa pode transformar seu negócio e sua vida.

Networking catapulta seu sucesso. Conecte-se com pessoas, ajude-as, coloque-se à disposição, cultive redes de relacionamento. Observe chances na sua comunidade ou nicho de mercado, e fique de olho nos grupos em que vale a pena investir. Eu não tenho dúvida de que, juntos, vamos mais rápido e mais longe.

Momento de consolidação

Estamos cumprindo mais uma etapa do percurso e quem leva esse jogo a sério não tem como estar no mesmo ponto. Apostando na mentalidade vela, você vai colocar suas ideias, hábitos e comportamentos para jogar a seu favor. É uma diferença sem tamanho.

Pode parecer mentira, mas eu já vi muitas pessoas e negócios incríveis que não aconteciam. E a trava era a mentalidade âncora, que segurava uma engrenagem poderosa, impedindo a clareza de onde era possível chegar. Isso não pode ser assim!

Vamos, então, ajustar os pontos e partir para cima?

Começamos com a identificação

Para cada elemento da mentalidade vela, atribua uma nota de 0 a 10, determinando seu grau de identificação com o item. Você vai colocar zero no caso de não ter identificação, dez para os casos em que se enxergar totalmente naquela postura e notas intermediárias conforme se reconhecer mais ou menos como alguém que se conduz nessa linha.

Objetivo na ordem do dia

☐ ☐ ☐ ☐ ☐ ☐ ☐ ☐ ☐ ☐ ☐
0 1 2 3 4 5 6 7 8 9 10

Aprendizado constante

☐ ☐ ☐ ☐ ☐ ☐ ☐ ☐ ☐ ☐ ☐
0 1 2 3 4 5 6 7 8 9 10

Aprendizado rápido

☐ ☐ ☐ ☐ ☐ ☐ ☐ ☐ ☐ ☐ ☐
0   1   2   3   4   5   6   7   8   9   10

Atitude e ousadia

☐ ☐ ☐ ☐ ☐ ☐ ☐ ☐ ☐ ☐ ☐
0   1   2   3   4   5   6   7   8   9   10

Persistência

☐ ☐ ☐ ☐ ☐ ☐ ☐ ☐ ☐ ☐ ☐
0   1   2   3   4   5   6   7   8   9   10

Resiliência

☐ ☐ ☐ ☐ ☐ ☐ ☐ ☐ ☐ ☐ ☐
0   1   2   3   4   5   6   7   8   9   10

Consistência

☐ ☐ ☐ ☐ ☐ ☐ ☐ ☐ ☐ ☐ ☐
0   1   2   3   4   5   6   7   8   9   10

Disciplina

☐ ☐ ☐ ☐ ☐ ☐ ☐ ☐ ☐ ☐ ☐
0   1   2   3   4   5   6   7   8   9   10

Equação tempo, prioridade, energia

☐ ☐ ☐ ☐ ☐ ☐ ☐ ☐ ☐ ☐ ☐
0   1   2   3   4   5   6   7   8   9   10

Foco – dizer não ao que te tira do caminho

☐ ☐ ☐ ☐ ☐ ☐ ☐ ☐ ☐ ☐ ☐
0 1 2 3 4 5 6 7 8 9 10

Gestão do tempo

☐ ☐ ☐ ☐ ☐ ☐ ☐ ☐ ☐ ☐ ☐
0 1 2 3 4 5 6 7 8 9 10

Direção da seta

☐ ☐ ☐ ☐ ☐ ☐ ☐ ☐ ☐ ☐ ☐
0 1 2 3 4 5 6 7 8 9 10

Networking

☐ ☐ ☐ ☐ ☐ ☐ ☐ ☐ ☐ ☐ ☐
0 1 2 3 4 5 6 7 8 9 10

PARA REFLETIR E RESPONDER

1. Quais elementos da mentalidade vela você já detecta no seu comportamento e como pode ativá-los ainda mais?

_____

_____

_____

_____

_____

2. Como vai despertar os comportamentos, pensamentos e hábitos que estão faltando?

_____
_____
_____
_____
_____

    Após esse momento de consolidação, onde você refletiu sobre os comportamentos que já tem e os que faltam para você ativar a mentalidade vela, preparei um conteúdo que servirá como o próximo passo, o que você precisa fazer a partir das suas conclusões, e que disponibilizo no QR Code da página 159.

Uma das melhores habilidades de quem é focado é dizer sonoros nãos, mesmo que seja para grandes oportunidades — mas que atrapalhariam o caminho rumo ao objetivo principal.

@pimenta_digital

CAPÍTULO 5

OS DEZ PRINCÍPIOS DA MENTE IMPARÁVEL

Não foi à toa que eu convidei você para uma experiência e alertei que era preciso estar disposto. A cada capítulo deste livro, você muda de fase e, assim como nos jogos on-line, o nível do desafio sobe. Nessa etapa em que já se aponta nossa linha de chegada, prepare-se para ir ainda mais além da zona de conforto, ou seja, da média, em que quase todo mundo vive.

Neste capítulo, vou te ajudar a desvendar o segredo que faltava para você chegar a resultados inimagináveis; vou te mostrar o que separa os bons de brilhantes; os ótimos de extraordinários.

São dez elementos que não apenas se fazem presentes na personalidade das pessoas fora da curva, mas são, sem sombra de dúvida, o fator determinante para a performance acima da média. Indivíduos imparáveis e que explodem resultados têm um jeito de ser, uma forma de pensar, agir, se comportar que os fazem ser quem alcança o que deseja.

E sabe qual é a melhor notícia que eu tenho para te dar? Isso pode acontecer com e para você, mesmo que não carregue essas qualidades de forma natural na sua personalidade. É verdade que algumas pessoas são mais predispostas a esse comportamento; elas portam características imparáveis e parecem já ter nascido prontas. Mas eu asseguro que qualquer pessoa pode desenvolver uma mente imparável, com decisão e empenho. Vou, inclusive, confidenciar algo bem pessoal. Até um certo momento, eu bati muita cabeça porque me faltava aplicar força exatamente nos princípios que estão nesse capítulo. Eu já tinha outros direcionadores de sucesso, mas pecava nos pontos que entrego aqui. Entender isso e desenvolvê-los me potencializou a patamares cíclicos de conquistas.

Vou falar aberta e francamente sobre o que funciona comigo e inúmeras pessoas que acompanho na jornada. Sua parte é entender os princípios, perceber onde está falhando e adotar os hábitos e comportamentos imparáveis – que são perfeitamente adaptáveis à sua vida. Você vai precisar ser muito consciente no começo, mas se torna automático com a prática. Ninguém liga o motor de um barco e sai navegando, sem ter aprendido como fazer isso. Em princípio, cada tarefa exige concentração, mas, passado algum tempo, você nem pensa: só faz o barco navegar.

Esteja aberto porque, nessa etapa da jornada, a abordagem é diferente. Os capítulos anteriores falavam de temas concretos e pragmáticos, mas agora o escopo se amplia e seu campo de visão precisa acompanhar tal movimento, pois trataremos de aspectos pouco convencionais. Cabe a você embarcar na jornada com confiança e abertura para experimentar e testar o que está aprendendo.

Permita-se viver uma aventura não tão lógica e racional. Algumas coisas na vida, no universo, não cabem nas explicações racionais, mas sua consciência com relação a elas faz toda a diferença para não viver meramente à mercê dos acontecimentos.

Preparado para o incrível? Então, vem comigo!

Princípio 1: Sonho master

O primeiro dos segredos das pessoas imparáveis é se permitir sonhar sem necessariamente saber como aquilo será materializado. E aqui surge um ponto desafiador: nossa tendência é sonhar apenas com o que nos parece plausível. Porém, é um verdadeiro desperdício esse hábito de encaixar os sonhos na realidade, já que sonhar não custa nada. Sejam poderosos ou insignificantes, nossos sonhos são totalmente de graça. Por isso não faz o menor sentido sonhar pequeno!

Vou te contar uma história que mostra como experimentei na pele o poder do sonho master. Na minha empresa, certa vez estabeleci o desafio de ter 100 clientes num dado programa para empreendedores. Olhando racionalmente para o quadro palpável, naquela circunstância, o possível era alcançar algo entre 15 e 20 pessoas. Esse era o número supostamente atingível no pouco tempo que havia e com o ritmo de fechamento de clientes que a gente mantinha naquela época.

Contudo, ignorando toda e qualquer evidência plausível, eu sonhava em ter 100 empreendedores naquele programa. Estava decidido e dizia a mim mesmo: "Não sei exatamente como vou dar o próximo passo que desejo, mas a força do meu sonho permite que o universo faça a parte dele e junte as peças, tornando isso possível."

Por favor, não me entenda mal. De nada adiantaria sentar, sonhar e esperar. Não funciona assim! O que eu carregava era um sonho poderoso e a convicção de alcançar aquilo, além do olhar atento sobre as possibilidades e oportunidades de agir, ainda que a rota não estivesse totalmente clara. Isso é tão sério e poderoso, de verdade, que você vai ficar surpreso sobre como se desenrolou o processo.

Nesse mesmo período, fui a um evento de um *mastermind* que participava e, durante o almoço, ouvi um amigo contando a outro sobre uma estratégia que vinha aplicando, lá no negócio dele. Aquilo me chamou a atenção e eu, despretensiosamente, perguntei algumas coisas para saber mais. Entendi como funcionava o mecanismo que ele utilizava, amadureci a ideia e, na volta para casa, fiz dois telefonemas e agendei uma reunião cujo resultado foi uma estratégia diferente de tudo que meu time já implementava. Adivinha? O grupo fechou com 104 pessoas.

Já imaginou se eu tivesse ficado preso a uma meta limitada ao tamanho que se apontava como tangível? Essa postura é responsável por nos manter na roda das conquistas medianas. Sonhos pequenos geram realizações do mesmo tamanho.

E vou te contar: o que me faz romper barreiras é praticar o sonho master constantemente. Entenda que o fato de algo existir na sua mente é o princípio da sua materialização. Pense grande; daí virão os saltos e aquilo que não parece realizável. Não se apequene, permanecendo apegado apenas aos sonhos possíveis. O universo simplesmente não entrega o que você não se permite sonhar. Portanto, sonhe, ainda que não saiba como vai tornar aquilo real e que não tenha os recursos necessários para alcançar o objetivo neste momento. O universo ajuda, entrega caminhos. Surgem as coincidências e a tal sorte, que, de fato, é um estado de espírito. Tudo vinga, brota. Aparecem as pessoas necessárias para acontecer, vinga uma parceria, um cliente que conduz sua empresa a outro nível. As coisas simplesmente encaixam e dão certo quando você vibra e aposta em algo grande.

Princípio 2: Ancoragem da disciplina

Imagine que você planejou um dia perfeito. Vai à praia de barco para curtir com a família e os amigos. Só que, ao chegar lá, se dá conta da falta da âncora. O jeito vai ser amarrar a embarcação. Se você usar um graveto para isso, com o primeiro vento, o trabalho vai estar desfeito. O barco se solta e já era. Agora, se a amarração for feita numa sequoia, que é uma árvore frondosa, de raízes bem fincadas, pode ficar sossegado porque tudo vai correr bem. É mais ou menos assim que funciona com a escolha do motivo que ancora a sua disciplina na perseguição de objetivos.

Vou falar mais da importância dela lembrando de um momento da minha vida em que tudo estava meio obscuro e complicado e eu, extremamente ansioso. Consultei um médico, meu amigo, que foi categórico: "Você precisa tomar ansiolítico". Eu logo respondi: "Nem pensar. Nunca fiz isso. Não vou tomar esse negócio de jeito nenhum. Me apresente outra alternativa". Então, o médico, com a sinceridade que nossa amizade permitia, me respondeu: "O panorama que tenho, com seus exames e sintomas, indica duas possibilidades. É tomar medicamento, ou praticar atividade física diariamente, sem falhar. Caso contrário, encontre alguém para cuidar da sua filha, porque não vai durar muito".

Foi uma sacudida que ativou a ancoragem da minha disciplina num nível absurdo e aposto que seria igualzinho com você. No outro dia, eu estava matriculado na academia e ia rigorosamente todos os dias – até parei de apertar o soneca para dormir um pouco mais, pois assumi esse compromisso. Quer motivo maior para acordar de madrugada e fazer atividade física sem pestanejar, do que ter saúde para ver minha filha crescer? Eu saltava da cama e treinava dia após dia, sem cansaço ou desistência, simples assim! Minha briga era contra o remédio e a perspectiva de não estar vivo e presente para minha filha. Eu seria capaz de fazer qualquer coisa, e nunca fui tão voraz e intenso no exercício quanto naquele momento. No final, tudo ficou resolvido, sem que a medicação fosse necessária.

Quando nossos objetivos estão fincados na areia ou em solo movediço, falta força e disciplina na ação. Nos rendemos a qualquer obstáculo. Agora, quando estamos ancorados em razões sólidas para alcançar determinado objetivo, a disciplina é consequência. Assim, chegar lá fica muito mais fácil, porque vamos nos tornando imparáveis. Nosso barco fica ancorado na sequoia e não no graveto, entende?

É por apostar firmemente nesse princípio que eu questiono e sou verdadeiramente crítico de metas meramente numéricas. Elas simplesmente não nos mobilizam com potência suficiente. Quer ver uma situação que torna isso bem claro? Às vezes, algum mentorando ou cliente chega me dizendo que deseja crescer 10%, por exemplo. Eu logo alerto: "Meu filho, minha filha! A busca por expandir 10% não resiste ao primeiro perrengue que acontecer. Quando começa a ficar difícil, logo o indivíduo fala: Quer saber, cheguei a 5% e já está de bom tamanho".

Um sonho robusto, que tem um porquê específico, claro e forte, é o que nos faz persistir quando o bicho pega. É preciso fincar o objetivo em um ambiente que gere disciplina e motivação. Quando as pessoas me dizem que gostariam de fazer os programas que ofereço, mas não têm como pagar, gosto de levantar o questionamento: será mesmo que falta dinheiro?

Eu afirmo que não e te convido a entender comigo a verdadeira razão. Suponhamos que você seja essa pessoa e se veja diante de uma situação em que o mesmo investimento a ser feito no programa de aprimoramento seja o necessário para um tratamento de saúde que vai mantê-lo vivo ou salvar um filho. Há alguma dúvida de que daria um jeito?

Está explicado. O que falta de verdade é um motivo forte para a ação. O dinheiro vira a desculpa mais rápida e fácil para justificar a zona de conforto e a falta de empenho em fazer acontecer. Se a gana por crescer, escalar ou alavancar resultados fosse a mesma que mobiliza você a resolver o quadro crítico de saúde, não haveria dúvida em investir no crescimento do negócio.

Nesse processo, algumas coisas ajudam a reforçar a ancoragem da disciplina. Uma delas é envolver a família no processo. Eu vivi uma situação exatamente assim. Numa determinada ocasião, coloquei na cabeça que passaria o aniversário da minha filha com a minha família, conhecendo a Disney. Combinamos isso entre a gente, e, volta e meia, ela me lembrava: "Pai. Nós vamos viajar, não é?".

Então, quando eu estava exausto e surgia a dúvida sobre fazer mais um evento ou me empenhar numa nova estratégia de atração de clientes, eu me desafiava e fazia acontecer. Meu foco estava na viagem, um sonho da família que dependia de mim. O fato de ancorar em um ponto tão poderoso me fazia ir além e ter disciplina. Não haveria tanta determinação, energia e saúde se a busca fosse por fazer minha empresa crescer 10%.

Jamais crie razões fúteis, banais ou apenas numéricas para perseguir um sonho. Desse jeito, vai faltar disciplina para os momentos desafiadores. Por sinal, colocar outras pessoas na jogada ajuda demais, porque gera o comprometimento que abastece a gana em fazer. Seu desejo precisa de vontade firme, sólida e ancorada, para que você faça o que deve ser feito.

Princípio 3: Sonho consciente

"O sonho é mais concreto do que você imagina"

Forte essa frase, não? Leia de novo e de novo, até entender o quanto ela também é verdadeira. Não há como falar sobre esse nosso terceiro princípio sem ter isso muito presente. Temos à nossa disposição uma ferramenta poderosa para materializar o que almejamos, que é de graça e a gente simplesmente não aposta nela, muito menos usa como deveria.

Me acompanhe para entender melhor o caminho de sonhar como aliado da jornada imparável. Antes de mais nada, é preciso levar em conta que toda e qualquer coisa real e concreta existiu, antes, na cabeça e na imaginação de alguém. Essa semente é o princípio do processo de materialização. Fica fácil perceber isso quando se pensa em equipamentos e invenções que facilitam nosso dia a dia. O micro-ondas que está aí na sua cozinha só existe porque, antes, alguém imaginou, visualizou um utensílio doméstico para preparar alimentos com mais conveniência.

Diante disso, te convido a pensar na resposta para uma pergunta provocativa: por qual motivo a imensa maioria das pessoas não aplica o potencial da imaginação, da visualização e do sonho, de forma consciente, para fazer com que coisas surjam na vida? É um desperdício. Entenda que parte do trabalho em torno de alcançar metas, objetivos e conquistas é justamente esse momento focado na construção imaginativa. Você percebe que essa deveria ser uma tarefa tão rotineira quanto escovar os dentes? Não se empenhar nisso é um dos principais fatores que mantêm você aquém do que gostaria.

Nós somos ensinados e treinados a nutrir o corpo físico, mas deixamos de lado essa tarefa quando o assunto é nosso universo mental. Na sua mente, tem origem tudo o que você deseja construir e conquistar na vida. Não erre mais, negligenciando esse fato. Implantar o exercício do sonho consciente no seu dia a dia é algo para agora, para já!

Você pode estar se perguntando: "Mas como faço isso, Fabio? Não tenho a menor ideia". O caminho é simples. Encontre espaços na sua rotina para alimentar sonhos conscientes e intencionais. É tipo sonhar acordado mesmo, sem medo de ser feliz. Use o seu despertador para ajudar a não esquecer. Dez ou quinze minutos ao acordar, na hora de dormir, em intervalos das suas atividades, são mais que suficientes. Neste momento, libere sua mente e injete a intenção verdadeira e potente de que aquilo aconteça.

É como erguer uma casa. Você vai pondo um tijolinho após o outro e aquilo vai se materializando, dia após dia. É preciso ativar a imaginação dirigida, porque sonhos simplesmente lançados ao vento não levam a lugar algum. Então, sonhe alto, sonhe grande, com intenção e de forma direcionada. E treine! Não é assim com a academia? A gente dedica tempo à construção de uma saúde e de um corpo melhor. Exercite também sua mente, com foco, intenção e objetivo, para que ela esteja calibrada na direção das suas conquistas. Repito. Tudo o que existe nasce, antes, na mente de alguém. Ou seja, você está diante de uma condição para alcançar desejos.

Eu pratico o sonho consciente à noite. Desligo a televisão, me desconecto dos eletrônicos, deito e trabalho conscientemente o meu processo de imaginação, deixando a mente fluir. É uma delícia me permitir isso. Eu aprendi com uma pessoa muito fera a visualizar o dia de amanhã como se dinheiro não fosse um entrave; a realizar mentalmente um cenário em que é possível entrar num avião e ir para o Alasca, do nada. Não é no mínimo divertido?

O fato é que expandir a mente, imaginando contextos que ainda não são possíveis, nos torna mais abertos e receptivos a de fato materializar essa vida. Trata-se de um processo construtivo do futuro. No começo vai ser até difícil se enxergar na mansão que gostaria de morar, tendo o carrão que parece impossível, sendo totalmente feliz e saudável. Mas lembre-se que é exatamente assim quando se começa a atividade física. Nos primeiros dias, a gente sai da academia sofrendo com dores, mas nossa estrutura orgânica se ajusta. Dedicar momentos do dia a dirigir o pensamento com intencionalidade e ativar o sentimento de que aquela vida é possível e real acelera demais os processos de conquista. Um excelente treino é imaginar, em detalhes e com muita confiança, como seria seu próximo final de semana se dinheiro não fosse obstáculo para nada. Onde você estaria? Quais seriam suas companhias? Que programas estaria fazendo?

Princípio 4: Ser, fazer e ter

No primeiro capítulo, eu te alertei sobre a efetiva ordem das coisas: o ser, fazer e ter. Nós já entendemos que é preciso haver um reino para que nasça um rei. Ou seja, suas conquistas acabam sendo uma consequência natural de se tornar quem deseja ser.

E como isso se torna possível? Com um processo de construção mental do que você ainda não está vendo de forma palpável, mas deseja experimentar. Você precisa ser para ter. Esse é o caminho para os sonhos se materializarem. Eu sei que está parecendo papo de maluco – e, sim, é desafiador. Mas peço que você vença o estranhamento e aposte nisso com muita confiança no processo, porque esse é o norte na vida de pessoas que alcançam conquistas que pareciam inatingíveis. Elas entendem que o ponto de partida para chegar a qualquer realização é o entendimento da construção mental como o princípio de tudo que se apresenta, logo depois, na realidade.

> Para ter algo em suas mãos, é preciso que a conquista tenha nascido, antes, em sua mente!

Portanto, se abasteça do combustível que é o sonho consciente e tenha firmeza em visualizar o cenário e as conquistas que deseja, por mais distantes que pareçam. Isso abre portas e caminhos para materializar. O que precisa ser feito para concretizar metas e objetivos surge e, aí, quem está atento aos sinais e se dispõe ao trabalho encontra as formas de tornar real, porque a rota do ser, fazer e ter está estabelecida e na ordem certa. E vamos combinar que nem é tão fora de cogitação quanto pareceu no primeiro momento, concorda?

Me deparo o tempo todo com pessoas que se arrastam há anos e estão cientes de que uma mentoria vai ajudá-las a alcançar os patamares almejados. Só que a justificativa também se repete: antes, é preciso atingir resultados que permitam investir em programas de aprimoramento. Mas aí cabe a pergunta: "Você não aposta porque não tem resultados, ou não colhe frutos por fugir do investimento?".

Para mim, não há dúvidas: a resposta é a segunda opção. Esperar as condições para começar a trilha do autodesenvolvimento, ou do domínio e aplicação de ferramentas de vendas e marketing digital, por exemplo, é se tornar refém. Você simplesmente está subvertendo um mecanismo natural. Não há colheita sem plantio. E por mais óbvio que isso pareça, há muitas pessoas que acreditam na inversão desse processo.

Seja coerente e siga os princípios que não podem ser subvertidos: primeiro você se torna, em sua mente, quem deseja ser; então, você age na direção do objetivo (época do plantio); por fim, e como consequência, você conquista (época do ter, da colheita). Não perca de vista a nossa linha da ordem das coisas:

SER ⇒ FAZER ⇒ TER.

É fundamental que você pare de negligenciar o tornar-se quem deseja ser. As pessoas deixam isso de lado por dois motivos bem claros. Primeiro, por se tratar de algo simples e gratuito. Não se depende de nada nem ninguém, e a gente acaba duvidando de algo tão acessível. E depois, porque falta consistência. Não é um investimento de um dia. O pulo do gato está em persistir, continuamente, no percurso de imaginar, visualizar e agir na direção do que se pretende.

Princípio 5: Efeito convicção

Outro ponto que não se pode perder de vista na direção da mente imparável é o crer para ver. É engraçado que a gente até ouve falar disso, mas está imerso numa cultura que se baseia na lógica inversa, e assim acabamos caindo na cilada do ver para crer. Resultado? Nossa vida simplesmente segue nos apresentando repetidamente o que já vemos e temos, e simplesmente não acreditamos em alcançar e conquistar mais. Nota a armadilha?

A grande maioria de nós simplesmente ignora a força, a potência que tem e o tamanho que pode atingir. E pecar na crença plena é um dos mais poderosos bloqueadores da vida. Por falta de convicção, muita gente não dá o passo além, não alcança a vida que realmente gostaria.

Essa famosa frase de Henry Ford nos lembra que quando uma pessoa pensa que pode ou não pode, em ambos os casos, está certa. Portanto, é indispensável que você tenha confiança total na realização dos seus sonhos.

No que batizou de ciclo do sucesso, Tony Robbins traça um mecanismo que mostra claramente o que estou dizendo. Ele propõe uma estrutura com quatro elementos numa engrenagem que, como ele sempre frisa, explica o fato de os ricos ficarem sempre mais ricos e os pobres, mais pobres. O processo que ele defende tem a seguinte base estrutural:

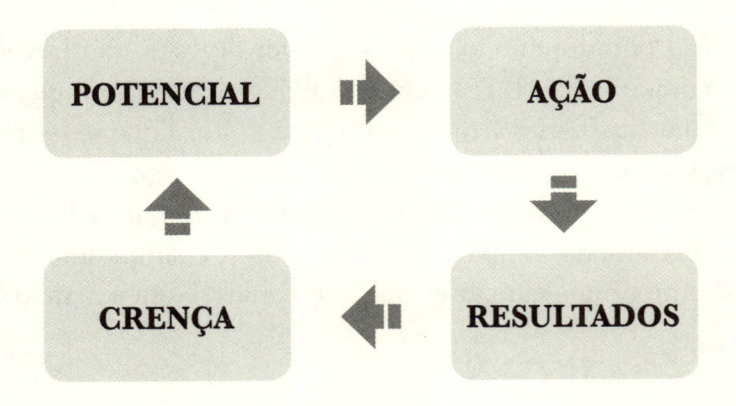

```
POTENCIAL  ➡  AÇÃO
    ⬆             ⬇
 CRENÇA  ⬅  RESULTADOS
```

Na relação entre **potencial** e **resultados**, surge a encruzilhada que detectamos no Capítulo 3, falando sobre pessoas de alta habilidade técnica e baixo nível de resultados. É o caso daqueles profissionais formados em universidades famosas, com belíssimos diplomas, mas que não alcançam seus objetivos. Uma explicação bem plausível para isso seria a falta de força na **ação**. De fato, há pessoas com bom potencial mas pouco empenho em agir, que não conquistam alta performance. Mas e quanto às pessoas empenhadas que não alavancam? Há algo mais a entender sobre como calibrar potencial e ação.

É aí que entra em jogo a **crença** como o elemento que fecha a equação do sucesso. Uma pessoa descrente do próprio potencial, ou que não acredita o suficiente que determinada ação vá dar certo, empenha baixa energia no processo, por medo de se frustrar. Como consequência, colhe resultados pouco expressivos. Ou seja, a medida da confiança em conquistar algo define o quanto de potencial e força se aplica para chegar lá e determina a materialidade ou não da conquista.

Se acho que não vai funcionar, reduzo o meu empenho, empregando poucas ações e me prevenindo da frustração. O desempenho só pode ser medíocre. E o que é pior: a dinâmica é retroalimentada, porque, não vendo resultados, eu reforço a percepção de que minha crença em dar errado era real.

Por isso o efeito convicção é tão poderoso. Ele é a chave da virada em trazer a engrenagem para o positivo. Quando o circuito está rodando a favor, a pessoa acredita mais, se empenha em agir com potência e só pode colher melhores resultados. Com as vitórias, a crença de que é possível fica reforçada e leva a mais conquistas. Está estabelecido o ciclo virtuoso do sucesso e o motivo de os ricos serem sempre mais ricos.

Trazendo esse cenário para um exemplo concreto, vou te dizer como alguém pode botar todo o trabalho que estamos fazendo com esse livro a perder. Reflita e vire o jogo, nesse exato momento, caso esteja nessa postura.

Se você está lendo e desacredita no mecanismo das conquistas, vai desistir de aplicar o que ensino. Para que investir energia e se frustrar, não é verdade? Está estabelecido o ciclo vicioso do fracasso. Sua crença na derrota é tão forte que já virou convicção e você não colhe resultados mesmo. E você ainda reforça a certeza: "Está vendo? Eu disse! Não funciona mesmo".

O processo é inversamente proporcional com alguém que toma essa obra como um ponto de virada. Essa pessoa vai direcionar todo o potencial que tiver e empregar ações potentes. Ela partiu da convicção de que funcionaria, se aplica fortemente e vai ver as coisas acontecendo e mudando. Melhor ainda: por conta do resultado, vai seguir na *vibe* de aplicar o que ensino aqui. O mecanismo das conquistas, então, se retroalimenta e mantém uma operação firme.

Como diz *A Filosofia da Riqueza*, de Napoleon Hill, em seu trecho final:

> **"A luta pela vida nem sempre é vantajosa;**
> **Nem aos fortes, nem aos espertos.**
> **Mais cedo ou mais tarde,**
> **quem cativa a vitória é aquele que crê**
> **plenamente: Eu conseguirei".**

Princípio 6: Ponto de atenção calibrado

Quem nunca ouviu a famosa expressão "os olhos do dono engordam o gado"? Isso não necessariamente tem a ver com ser centralizador. É um alerta sobre foco direcionado e ponto de atenção. A base desse princípio é a seguinte: qualquer coisa que receber sua atenção e energia vai crescer. Decida, por exemplo, comprar uma certa marca, modelo e cor de carro. Ele vai começar a aparecer o tempo todo. Se duvidar, seu vizinho compra um. E não se trata de todo mundo ter comprado o carro que você escolheu. O foco estava nele e você passou a vê-lo por todos os lados.

Ou seja, colocar atenção em algo – seja o que você deseja ou não – faz seu cérebro procurar mais disso. Pensar em tragédia vai trazer mais eventos trágicos. Lamentar o dia todo a conta negativa, tem exatamente o mesmo efeito. Não resta dúvida, então, de que é preciso direcionar atenção a aspectos positivos, principalmente para o que desejamos ver acontecendo. Pode parecer muito louco, mas é fato.

Com essa postura você faz da sua inteligência e da sua mente aliadas do processo. Talvez você não saiba, mas existe o Sistema de Ativação Reticular. É uma região cerebral que funciona como um filtro de percepção, selecionando as informações que serão, ou não, absorvidas e internalizadas. Afinal, seria impossível para a nossa mente lidar com todos os estímulos que nos cercam. Alguns especialistas e estudiosos o comparam, inclusive, a um porteiro cuja missão é permitir ou bloquear o acesso ao nosso espaço mental. O ponto é que você determina e direciona esse processo de filtragem, conscientemente ou não.

É exatamente assim quando, por exemplo, sua conta está no vermelho e você não para de pensar nesse problema. O recado chega ao seu cérebro e ele responde: "Amém. Se é nisso que você está pensando, é ali que centrou seu ponto de atenção, está aí o que deseja. Tome mais saldo negativo". E surgem outros tombos, novas possibilidades de sua conta permanecer no vermelho. O universo sempre te ajudará a encontrar mais daquilo em que seu pensamento está focando. Não estou afirmando que você atrai obstáculos de forma proposital. O fato é que seu cérebro opera dessa forma.

Tudo bem que você não soubesse disso até agora e tenha dedicado tempo a pensamentos enfraquecedores, que miravam seu ponto de atenção no lado errado. Muita gente simplesmente age dessa forma por puro desconhecimento. A sacada é virar o jogo agora mesmo, sem perda de tempo, porque esse mesmo potencial pode ser aplicado em novas ideias, criatividade e soluções.

Eu vivo essa experiência na rotina do meu negócio. É incrível perceber que, se o time baixa a energia, vão surgindo más notícias. Mas basta estar ligado e trazer o grupo e a *vibe* para o lado positivo, que o fluxo melhora e começam as boas coincidências.

Esse ciclo virtuoso de sincronicidades diz respeito a atrair mais do que está no foco e direcionamento da atenção. É simples assim! Faça um teste com as plantinhas que tem aí na sua casa. Elas podem ser iguais, mas se uma receber sua atenção, sendo devidamente cuidada e regada, enquanto a outra for ignorada, o resultado é certo. De forma muito rápida, a primeira estará incrivelmente linda e a outra simplesmente vai morrer.

Ou seja, jamais, em nenhuma hipótese, direcione seu pensamento ao que não deseja. Você pode estar matando, sem perceber, coisas incríveis que se abririam no seu caminho. O ponto de atenção focado no que se quer atrair é o caminho para trabalhar de forma favorável a máquina que é o nosso cérebro. É ajuste fino e calibragem para que esse potencial esteja bem direcionado, conduzindo você para a vida que deseja.

Por isso, sugiro que você desenvolva ao máximo a blindagem do pensamento. Proteja-se do que não deseja que faça parte da sua esfera mental. Quando se dá abertura a algo negativo, começa um ciclo repetitivo que direciona sua atenção para o que você não quer. É o caminho para detonar resultados. É fundamental tomar cuidado, por exemplo, com a exposição às notícias ruins. E não se trata de ser lunático, irresponsável ou desinformado. Procure se informar de forma equilibrada, para entender o contexto, sem ser absorvido e direcionado a pontos de atenção que não interessam. Earl Nightingale, outro grande nome do desenvolvimento pessoal, autor best-seller, nos alerta: "Nós nos tornamos aquilo que pensamos na maior parte do tempo". É matemático. O que mais povoa a sua mente, você encontrará ao dobrar a esquina.

Se eu projetasse um filme sobre o que passou pela sua cabeça nas últimas 24 horas, qual seria o enredo? Haveria alegria? Seria uma trama sobre possibilidades e realizações? Ou a tela exibiria tragédias, problemas e dificuldades?

Filtre o que pensa, afunile para o que deseja e dirija seu ponto de atenção para o que almeja realizar, e não o contrário.

Princípio 7: O olhar consciente

"Não é comigo, é para mim"

Esta frase é uma inversão de olhar que proponho a você experimentar, para sentir a guinada real que a vida dá. Tudo o que nos acontece, ao contrário do que geralmente pensamos diante de um obstáculo ou desafio, é para contribuir, é para o bem. Não há um X nas suas costas determinando que para você nada vai dar certo.

Bem pelo contrário: frequentemente coisas incríveis se escondem no que é aparentemente ruim. Nossa visão limitada simplesmente não enxerga o todo. Por isso, quando as coisas não estão bem, surge a sensação de que o universo conspira contra a gente e nos enredamos em pensamentos ruins que, como acabamos de ver, só nos trazem mais dificuldades.

Quando uma sociedade chega ao fim, o comum é aquela lamentação: "Poxa. Meu sócio caiu fora do negócio. Isso é terrível. O que vou fazer agora?". A pessoa já enxerga os piores cenários e conclui: "Pronto. Preciso procurar emprego e fazer qualquer coisa, rápido. E a casa, o carro? Melhor vender logo. Mas aí vai ter o aluguel. Estou num beco sem saída".

E se eu te propusesse apostar que isso está acontecendo porque tem um novo negócio, muito mais significativo e lucrativo, que vai surgir por causa desse rompimento? Essa é a perspectiva do "não é comigo, é para mim"!

Pode até ser um exercício complexo na hora em que o bicho está pegando, mas sua visão se amplia e você ganha poder para virar o jogo. Manter o foco no lado positivo da moeda, apostando no melhor, é uma escolha sua. Quando uma pessoa alimenta a certeza de que as coisas acontecem para ela – e não com ela – a perspectiva é totalmente diversa e entra em cena o efeito do olhar consciente. Torna-se possível enxergar os obstáculos como caminhos para passar longe de alguma enrascada.

Aprendi esse princípio com um mentor num período muito turbulento da minha vida e dos negócios, e isso fez toda a diferença. Eu percebi que o entendimento de que dificuldades estavam acontecendo comigo me mantinha na postura da vítima. É o que pode estar acontecendo por aí. Quando você se lamenta, acaba direcionando energia e ponto de atenção ao negativo e o resultado é que mais problemas se apresentam.

É fácil ressignificar na hora do perrengue? Não, não é fácil. Mas é possível, e é uma escolha que precisa ser mantida, com treino e continuidade. Decida-se por esse direcionamento, escolha o olhar consciente e ficará mais simples reagir na linha do "não é comigo, é para mim", quando obstáculos surgirem. Veja que se trata de uma estratégia inteligente baseada na compreensão de que o mecanismo da vida se baseia em replicar mais do que recebe nosso foco.

E aí vem outra virada de chave apresentada pelo mesmo mentor, ainda naquela fase turbulenta que mencionei logo acima: o passado está em construção. Eu estranhei um pouco essa frase, mas depois entendi o significado profundo e transformador que ela carrega. Enxergar os perrengues do seu caminho sob o ângulo do quanto saiu melhor deles é um processo de ressignificação que torna o passado um elemento de construção do seu momento atual; mais claro, firme e potente. Na hora, parece mesmo que o mundo caiu sobre a nossa cabeça – é natural ser assim. Mas quanto antes você encara os obstáculos com os quais se deparou na vida como um processo de edificação do melhor que vive hoje, mais preparado estará para ser imparável.

Com o tempo, sua mente se adapta para responder dessa forma, e com certo automatismo. Você se decepciona diante dos contratempos, mas não nutre esse estado de espírito negativo. O pneu furou e você está atrasado? Quem sabe o borracheiro não precisa do seu serviço? Quantas são as histórias de pessoas que, por minutos, perderam um avião que caiu? Aposte que as coisas estão conspirando sempre a seu favor.

Princípio 8: O mecanismo PPF (presente, passado e futuro)

"Hoje você vive o passado"

Essa afirmação pode até parecer um contrassenso, mas é a mais pura realidade. A minha e a sua vida são, hoje, a mais perfeita consequência, o exato reflexo do que pensamos, sentimos e agimos nos últimos tempos. Ou seja, você experimenta agora o que construiu no passado, a partir de suas emoções, comportamentos, atitudes e decisões.

Está vivendo de acordo com seus sonhos? Parabéns! Você construiu essa realidade. Tudo está uma droga? Sinto muito, mas isso também é total responsabilidade sua. Está colhendo o que plantou ali atrás. Gostando ou não do que a vida tem lhe apresentado, trata-se do que você, e apenas você, construiu. "Caramba! Quer dizer que cheguei a esses resultados, pelas minhas próprias pernas? Chato demais isso". Pois é. O gosto dessa autorresponsabilidade pode ser amargo, se você estiver passando longe da vida que gostaria. Mas tenho uma boa notícia: também está nas suas mãos o total potencial de sair desse lugar e caminhar na direção de outra realidade.

E há um portal incrível que pode te conduzir bem além do que você imagina. O nome dele é presente. O lance reside em fazer do momento atual a chave para construir o extraordinário logo ali na frente. Portanto, atenção total aos seus estados mentais e emocionais deste momento. Eles estarão refletidos amanhã, bem como sua vida atual é uma consequência do passado. O que sua mente carrega hoje, vai se materializar no futuro. O pior de tudo isso é que, quando estamos mergulhados num cenário indesejável, focamos nossos pensamentos nessas mesmas coisas desagradáveis. Só que sentir, visualizar, ter presença mental no contexto de hoje recria tudo isso. É o que faz as pessoas passarem anos, ou quem sabe uma existência inteira, no *looping* eterno dos mesmos problemas.

Um exemplo típico é quem passa de um relacionamento abusivo para outro. É uma realidade que vem sendo cultivada na mente e faz com que a experiência se repita o tempo todo. Você vive no circuito do endividamento, dos problemas financeiros, ou recai sempre nos mesmos relacionamentos fracassados? Queira ou não, assuma ou não, construiu essas experiências desagradáveis e vai perpetuá-las enquanto mantiver a mesma postura mental. Se não gosta, ou quer melhorar o que vive hoje, é preciso investir imediatamente num estado de espírito que tire você desse circuito. Os pensamentos que cultiva, os sentimentos a que se apega, a sua vibração no momento atual são o alicerce para construir o futuro que deseja.

Esse processo vai demorar? Há uma cortina de fumaça – chamada tempo – que não permite uma resposta pronta. Mas o fato é que o futuro é uma construção que seus pensamentos, emoções, sensações – sua energia de agora – estão materializando.

Vamos brincar um pouco com isso? É uma brincadeira mesmo, um mero exercício lúdico, ok? Digamos que seu dia de hoje tenha sido construído a partir do que você pensou, sentiu e vibrou 83 dias atrás, e que seu comportamento e estado de espírito de hoje estará refletido daqui a 83 dias.

É impossível determinar que esse seja o período de tempo, porque é um lapso que a gente não domina. Mas, com exceção dessa variável, o mecanismo é absolutamente real. É fato que pensamentos, falas, atitudes e decisões suas do passado se refletem agora, e esse mesmo conjunto de elementos de hoje determina o seu futuro. Não se trata da ilusão de acreditar em tudo acontecendo da noite para o dia. O tempo, volto a afirmar, é uma cortina de fumaça. Não é de hoje para daqui a pouco. Aliás, se fosse assim, onde estaria a graça? Seria simples demais ter qualquer coisa.

Em resumo, o dia de hoje é feito para construir a vida do futuro, mas a gente desperdiça isso pensando na realidade do agora e, o que é pior, naquilo que não deseja para daqui a pouco.

Mas para começar a mudança basta uma decisão. Esse é o seu poder: detonar o círculo vicioso do passado que mantém você repetindo as mesmas experiências. Decidir-se a ser e fazer diferente é o caminho para mudar o panorama. Comece o quanto antes e, com um pouco de paciência e sem se descuidar do processo, vai se impressionar com os resultados.

Princípio 9: Proximidade é poder

Esse é mais um dos meus mantras, porque eu verdadeiramente aposto no dom dos grupos e na força do coletivo. Não tenho dúvidas de que estar próximo de pessoas nos leva mais longe, tanto na vida quanto nos negócios. Há um conhecido termo que embasa isso, o de *mastermind*, estudado e cunhado por Napoleon Hill. É um dos pressupostos de sucesso da obra *A Lei do Triunfo*, resultado de um estudo que ele fez sobre a vida de pessoas vitoriosas.

Esse conceito tem a ver com duas vertentes e, ao olharmos para elas, fica claro porque é tão impressionante a potência dos grupos. Primeiro podemos falar das trocas conscientes. Elas têm a ver com o intercâmbio de conhecimentos, ideias, análises e estratégias que acontecem quando pessoas se reúnem com o objetivo de aprender, crescer, se expandir. Só que, para além disso, há um processo de troca inconsciente. Napoleon Hill explica tal situação a partir da noção de mente mestra, ou *mastermind*, que ele conceitua como um grandioso efeito produzido "quando duas ou mais pessoas se harmonizam em espírito". Ele defende que "cada componente do grupo se torna investido do poder de entrar em contato e adquirir conhecimentos através do subconsciente de todos os outros membros". Algo que gera uma imaginação mais viva, uma espécie de sexto sentido, dando vida a novas ideias.

Eu associo a ideia de *mastermind* a uma espécie de nuvem de informações que se forma sobre as cabeças reunidas em torno de intenções compartilhadas e resultante da energia mobilizada pelo grupo. Aí mora a parte mais rica dessa dinâmica. É como se fosse possível "roubar" ideias de outras mentes quando nos juntamos a pessoas em coletivos movidos por objetivos comuns.

Por isso, além de liderar, eu participo constantemente de grupos de empresários. Certa vez, num processo de entrada em um *mastermind*, um mentor meu me perguntou: "Sabe o que, de verdade, você veio buscar e encontrar aqui? Energia. Você está se conectando com pessoas excepcionais e vai ser contagiado por essa troca".

É uma boa reflexão sobre o quanto a proximidade vai além do processo consciente, racional, de ampliar conhecimento, trocar estratégias. Essa parte também é importante. As dicas que recolhemos nos grupos são extremamente valiosas. Mas eu acho fenomenal o intercâmbio inconsciente que nasce da união em torno de grandes objetivos. É algo que contamina, no sentido positivo, faz a gente se abrir para o que não via, encontrar atalhos, ter ideias e insights que não surgiriam fora desse contexto.

Nos grupos de mentoria que conduzo, também vejo isso acontecendo o tempo todo. Muitas das formas de aplicação de inteligência aos negócios que apresento ficam pipocando na cabeça dos clientes e, mais tarde, geram sacadas geniais, que depois são compartilhadas com os demais num circuito de colaboração mútua. A causa disso é a conexão entre pessoas, que gera percepções captadas nessa nuvem invisível que se forma do coletivo. Eu costumo dizer que as ideias se multiplicam. Uma ideia que está na sua mente se junta a algo que mora na minha e isso gera uma terceira percepção, algo possível exclusivamente pela conexão consciente e inconsciente que se gerou e fez brotar tal pensamento.

O ato de andar e estar em grupo é o que possibilita esse processo. Isso é uma regra. Confie em mim. Quando se fala no empreendedorismo, por exemplo, aqueles lobos solitários que preferem andar isolados, não vão tão longe e crescem numa velocidade infinitamente menor. O juntar-se gera um movimento em que uma pessoa reforça a outra, numa atmosfera de expansão.

E aqui há algo importante para ser dito. Não precisa ser, necessariamente, um grupo de *mastermind*, se esse ainda não é o seu estágio. Pode ser um almoço entre amigos, desde que se agreguem pessoas com objetivo de ir além. O que não pode faltar é a disciplina de fazer isso acontecer constantemente; toda semana ou mês, por exemplo. O que fica mais fácil quando se faz parte de grupos de empresários, como os que eu participo e lidero, é justamente esse encaixe na rotina, já que há um cronograma a cumprir. E aí não rola aquele escape: "Dessa vez eu não posso, deixa para a próxima".

Fazer parte formalmente de um grupo aumenta seu grau de comprometimento. Você se obriga a participar, a estar junto, e isso é muito, muito, repito, muito poderoso. As pessoas mais ricas do mundo investem nisso. Gente grande anda com gente grande e vai se tornando ainda maior, por causa da troca. É urgente que você invista no poder da proximidade. Os ambientes de pessoas fora da curva não são feitos de solitários.

Agora um alerta: a questão da proximidade vai bem além de *networking*, e isso precisa estar claro. Eu me refiro a uma postura, a um comportamento que aposta em estar próximo de pessoas que também desejam crescer.

Falando nisso, com quem você tem se relacionado mais proximamente? De quais pessoas tem ouvido conselhos? Se a sua resposta não envolver gente do nível que você pretende alcançar, e que um dia esteve no seu estágio atual, algo está muito errado. Nisso reside a chave das redes de relacionamentos que de fato catapultam. Não caia na cilada de buscar conselhos das pessoas próximas, mas que não conhecem o caminho a ser feito para chegar aonde você deseja. Nessa lista podem constar pai, mãe, tios, primos, irmãos, amigos, até o sócio que não está preparado a orientar.

O caminho é se aproximar de pessoas que conhecem a trilha e podem contribuir com o seu percurso, trazendo dicas e sacadas efetivamente válidas. Proximidade e conexão funcionam quando feitas de forma consciente e estratégica, porque você só vai além quando se desafia a conviver com quem te supera. Quando você é a pessoa que ganha sempre de toda a turma com quem joga tênis, há um sinal de alerta aí. Já parou para pensar nisso? Essa situação demonstra claramente que é hora de procurar jogadores de quem você vai perder. Caso contrário, você vai estagnar ou até descer de nível, para acompanhar o grupo.

Ninguém fica melhor sem se desafiar. Buscar novos círculos de convivência, conhecer coisas que não sabe, perceber aspectos que ainda não estão claros, é fundamental. Isso faz com que você olhe para possibilidades que nem imaginava, sendo impulsionado para mais. Afinal, coisas que outras pessoas estejam fazendo com excelentes resultados também podem ser aplicadas por você. É uma receita de crescimento vertiginoso.

Princípio 10: Gratidão antecipada

> Se você acordasse tendo apenas as coisas pelas quais agradeceu ontem, o que lhe restaria?

Essa provocação vem para fechar com chave de ouro nosso mix de elementos rumo à mentalidade imparável, nos levando a refletir sobre um conceito poderoso e imprescindível: a gratidão. Você tem lembrado de agradecer pelo que possui? Pare por um minuto e analise de quantas coisas sentiria falta e nem se dá conta.

Fica fácil não pensar no quão incrível é ter saúde, até surgir uma doença. Do mesmo jeito, esquecemos de reconhecer nossos pais até eles não estarem mais fisicamente aqui. É forte e necessário pensar nisso, não apenas para você perceber que vem sendo até ingrato, quem sabe, mas também por conta de um alerta que preciso fazer. É impossível subir a um próximo nível sem reconhecimento ao estágio que você alcançou. Seu carro novo não virá sem você agradecer o que já possui. Independentemente do quão insatisfeito esteja com esse veículo, ele te transporta, te serve.

Um estado de espírito grato está entre os mais valorosos e importantes de se atingir. Por isso, é tão fundamental fazer diariamente o que eu chamo de exercício da gratidão presente, reverenciando as grandes e pequenas coisas da vida. Todas as manhãs, ao acordar, uma das minhas primeiras atividades é escrever os acontecimentos do dia de ontem pelos quais sou grato.

Crie esse hábito. Já vai ser suficiente escolher entre três e cinco itens. É incrível porque, se dedicando a escrever todos os dias, a lista vai crescendo e daqui a pouco você gerou uma onda de gratidão. Essa atitude faz diferença demais na sua rotina e nos resultados que você vai colhendo. O dia já começa focando em coisas boas, com o ponto de atenção voltado ao positivo.

"Ah, Fabio. Minha vida nem é tão grandiosa assim para eu ter tantos motivos para agradecer". Tem certeza? A gratidão presente deve estar ativa com relação a grandes e pequenas coisas. Agradeça o cliente conquistado para o negócio, a compra do carro novo que deu certo, agradeça pelo sorriso que viu no rosto do seu filho antes de dormir ou ao acordar logo cedo; seja grato pelas suas mãos, que te permitem trabalhar e se alimentar sozinho, agradeça pelo funcionamento perfeito do seu corpo. São coisas tão valiosas das quais a gente só se dá conta quando não tem mais. Não espere perder sua saúde para perceber o quanto deveria ter agradecido por ela. Já viu que, quando acorda gripado, a gente nota o quanto foi bom não estar doente nos outros 364 dias do ano? Não precisa e não deve ser assim. Pratique a gratidão presente e veja que nível de estado emocional e mental vai atingir. Sua *vibe* será outra!

O mecanismo das conquistas tem nesse estado de reconhecimento um combustível fenomenal, e a potência vai ser ainda maior se à gratidão presente você adicionar o que eu chamo de gratidão antecipada. A proposta é agradecer pelo que você deseja, como se já tivesse isso. Este é o maior acelerador de alcance de sonhos que pode existir, e a explicação para esse fenômeno é bem simples. A gente é ensinado a pedir pelas coisas que deseja para Deus, o universo, ou qualquer força superior em que acredite. Só que essa postura nos mantém numa vibração de falta, porque só suplicamos por algo quem não temos. A resposta do seu cérebro vai ser achar um jeito de você continuar pedindo. Assim, agradecer o que ainda não tem é como dar uma pane no universo. Agradeça de verdade, com força, como se já tivesse conquistado o que deseja, com o sentimento daquela realização.

Vibre gratidão como se sua empresa já tivesse chegado ao patamar que almeja; o carro que você quer estivesse na garagem; você sentisse o cheiro do restaurante que pretende visitar na viagem para o destino que sempre quis conhecer na vida. Nutra o prazer, a sensação incrível de ter nas mãos o objetivo conquistado. Esse é o nível de gratidão antecipada que você precisa alcançar.

DICAS PRÁTICAS E INFALÍVEIS RUMO À MENTE IMPARÁVEL!

Tenho certeza de que o percurso desta obra já deixou claro o quanto acredito no desenvolvimento de bons hábitos como uma ferramenta poderosa de sucesso. E sobre isso vamos falar agora. Separei dez condutas diárias que colaboram com o seu processo de construção da mentalidade imparável. Vai ser bem simples colocar em prática!

1. Afirmações de ser e ter

As afirmações são como proclamações que nos colocam num circuito de alta vibração, porque aquilo que dizemos ganha força de materialização. Indico que leia em voz alta uma vez ao dia, de preferência logo pela manhã. O objetivo é impregnar sua mente com essas afirmações, pois, mesmo que elas ainda não sejam um fato, elas fazem com que esses desejos comecem a tomar forma e se tornar uma verdade em sua vida. Construa seis afirmações de ser e seis afirmações de ter. A seguir, vou dar alguns exemplos para você entender a dinâmica das afirmações e inseri-las na sua vida.

Relacionadas ao ser:
- Sou grato por tudo que sou e tenho.
- Sou diretamente conectado a Deus e às boas energias do universo.
- Sou generoso e busco ajudar as pessoas ao meu redor.
- Sou ótimo pai (ou mãe, filho, irmão, tio...) e cuido com zelo da minha família.
- Sou muito bem-sucedido, vivo com prosperidade e abundância.
- Sou uma pessoa do bem, transmito energia positiva, bom humor e alto astral.

Relacionadas ao ter:
- Tenho uma família maravilhosa, extremamente unida e com muito amor.
- Tenho muita saúde e cuido do meu corpo com zelo e respeito.
- Tenho todos os bens materiais que desejo, pois atingi liberdade financeira.
- Participo de programas sociais, pois, com minha fórmula de abundância, consigo ajudar os outros.
- Tenho mais e mais ideias que trazem excelentes resultados todos os dias.

❖ Tenho tudo o que desejo, pois o universo é abundante e minha mente traz para mim as conquistas pelo poder da atração.

2. Mentalização/Sonho consciente

Aqui, a proposta é você imaginar, sentir e respirar a vida que deseja ter. É o momento de se enxergar morando na casa almejada, dirigindo o carro dos sonhos, tendo o relacionamento que sempre quis, fazendo as viagens que anseia. Sugiro que esse trabalho seja feito um pouco antes de dormir. Eu gosto demais de me dedicar a mentalizar e viajar pela vida que sonho naqueles minutos em que estou me desligando da rotina.

3. Meditação/Conexão espiritual

Se olharmos para a história de dez pessoas de sucesso, certamente nove meditam. O objetivo é encontrar um espaço mental de silêncio, limpando a mente e possibilitando que as ideias fluam melhor e a intuição brote. Pode ser desafiador no princípio, porque nossa rotina é muito agitada e se torna complexo limpar a mente. Mas, como tudo na vida, é preciso iniciar e treinar. Comece com 3 ou 5 minutos e perceba que o exercício fica mais simples e agradável com o tempo.

4. Oração/Conexão

Independente de qual seja a força superior em que você acredite, não podem faltar momentos de integração com o divino, e o principal mecanismo para isso é a oração. Manter esse hábito nos conecta à divindade e traz um senso de existência, nos mantendo despertos para os propósitos de cada dia e da nossa vida. Encontre a sua forma e o melhor momento para isso, mas pratique! Não tem receita. Não há fórmula.

5. Gratidão presente e antecipada

A gratidão é outro hábito altamente prazeroso e que faz toda a diferença quando enfrentamos dias difíceis, nos forçando a lembrar das coisas boas e importantes. E tem duas formas bem simples de adaptar a gratidão à rotina. Logo pela manhã, escreva cinco coisas que te fizeram grato ontem. Aproveite o momento e registre, também por escrito, sua gratidão por cinco coisas que ainda não aconteceram, mas que você deseja muito.

6. Diário dos objetivos

Aqui o convite é que você pense sobre as sete áreas da vida: familiar, financeira, profissional, física, espiritual, social e pessoal. O segundo passo é, em cada uma delas, traçar três objetivos e, dentre eles, selecionar os três mais impactantes; aqueles que, realizados, facilitam a rota para que todos os demais se desenrolem. Encontrado o trio primordial, você precisa escrever essas três grandes metas todos os dias, sem falhar. Essa prática efetivamente coloca seus objetivos na ordem do dia e os torna muito mais potentes e realizáveis.

7. Foco no essencial

Você pode até não perceber, mas falta de organização é um dos maiores obstáculos no caminho para as grandes conquistas. Pessoas desorganizadas trabalham, trabalham, trabalham, terminam o dia exaustas, em meio a inúmeras tarefas, mas com zero resultado. É um ciclo vicioso. E o pulo do gato para sair disso não é fazer mais rápido as atividades, mas manter foco apenas no essencial, naquilo que realmente deve ser feito para alcançar maiores resultados. Por isso, sugiro fortemente que você ritualize a organização do seu tempo. Um dos caminhos que gosto e pratico é planejar o dia seguinte hoje. Nunca, jamais, entenda como acessória ou desnecessária a dedicação ao planejamento das atividades diárias.

8. Exercício físico

Falar que atividade física é importante parece "chover no molhado", mas eu acredito que, apesar de óbvio, esse aspecto precisa ser destacado. Exercício físico é obrigatório entre as pessoas de sucesso, e a explicação é simples. A saúde da mente e do organismo se relaciona diretamente aos resultados bons ou ruins que atingimos. Portanto, se você está sedentário, é hora de se mexer.

9. Exercício mental

Essa é uma atividade a que me dedico todos os dias e indico fortemente para manter abastecido o mecanismo das conquistas que estamos percorrendo aqui. Você deve estudar e manter a mente ativa, aprendendo coisas novas, reciclando conhecimentos. Isso é sagrado. Não abro mão do espaço na agenda do dia para ler, acompanhar um treinamento ou assistir conteúdos enriquecedores. É um hábito altamente recomendável e presente nas pessoas de sucesso. Isso sem contar o quão saudável é você se dispor a manter sua mente operante, preparada a ter insights diferenciados e percorrer novos caminhos.

10. Playlist com 12 músicas contagiantes

Para fechar nosso circuito de hábitos poderosos, indico que você monte a sua playlist contagiante. Escolha 12 músicas motivadoras em nível máximo; aquelas que te deixam com gana (você pode e deve trocá-las, se deixarem de produzir esse efeito). É um exercício muito legal durante o deslocamento até o trabalho, na hora de sentar para as atividades home office, nos intervalos e até quando você recebe uma notícia chata. É uma prática agradável, simples de fazer e que funciona demais para elevar a energia.

Momento de consolidação

Ser imparável é acima de tudo um estado de espírito. Algumas pessoas têm a sorte de portar naturalmente esse jeito de ser, mas não é a maioria, e você não precisa carregar uma estrela para ser vitorioso. Quem não se percebe com esse comportamento só precisa se preparar, pois o ser humano é treinável e apto a desenvolver novas habilidades. Os melhores atletas do mundo, por exemplo, nem sempre são os absurdamente talentosos, mas sim os que mais treinam e se dedicam.

Com mais ou menos tempo, doses de sofrimento maiores ou menores, graus de dificuldade diferentes, você, eu e qualquer pessoa pode se condicionar a pensar, agir e cultivar hábitos característicos das mentes imparáveis. E acredite: o seu universo emocional e mental é que tem o poder de retroalimentar o ciclo da vitória, conduzindo você a outros estágios e patamares.

Foi assim que o jogo da minha vida mudou, e sigo constatando diariamente, no trabalho com pessoas, o quanto nossos pensamentos e interpretações sobre a vida, a confiança que nutrimos e a convicção na atitude impactam os resultados que atingimos. Conquistar o que se quer na vida não é uma questão de sorte. O efeito imparável é um mecanismo que agora você conhece e domina. Mantê-lo abastecido depende de pensar com direcionamento, tendo uma interpretação assertiva e eficaz dos problemas, se levantando com facilidade e conduzindo o dia a dia com leveza, na certeza de que vai dar certo. Essa mistura vira uma sequência de conquistas na vida das pessoas. Algo que eu desejo, profundamente, que você experimente.

Começamos com a identificação

Para cada princípio da mentalidade imparável, atribua uma nota de 0 a 10, determinando seu grau de identificação com o item. Você vai colocar zero no caso de não ter identificação, dez para os casos em que se enxergar totalmente naquela postura e notas intermediárias conforme se reconhecer mais ou menos como alguém que se conduz nessa linha.

Sonho master

☐ ☐ ☐ ☐ ☐ ☐ ☐ ☐ ☐ ☐ ☐
0   1   2   3   4   5   6   7   8   9   10

Ancoragem da disciplina

☐ ☐ ☐ ☐ ☐ ☐ ☐ ☐ ☐ ☐ ☐
0   1   2   3   4   5   6   7   8   9   10

Sonho consciente

☐ ☐ ☐ ☐ ☐ ☐ ☐ ☐ ☐ ☐ ☐
0   1   2   3   4   5   6   7   8   9   10

Fórmula Ser, Fazer e Ter

☐ ☐ ☐ ☐ ☐ ☐ ☐ ☐ ☐ ☐ ☐
0   1   2   3   4   5   6   7   8   9   10

Convicção

☐ ☐ ☐ ☐ ☐ ☐ ☐ ☐ ☐ ☐ ☐
0   1   2   3   4   5   6   7   8   9   10

Ponto de atenção

☐ ☐ ☐ ☐ ☐ ☐ ☐ ☐ ☐ ☐ ☐
0   1   2   3   4   5   6   7   8   9   10

Olhar consciente

☐ ☐ ☐ ☐ ☐ ☐ ☐ ☐ ☐ ☐ ☐
0   1   2   3   4   5   6   7   8   9   10

Mecanismo PPF – Efeito do tempo

☐ ☐ ☐ ☐ ☐ ☐ ☐ ☐ ☐ ☐ ☐
0   1   2   3   4   5   6   7   8   9   10

Proximidade

☐ ☐ ☐ ☐ ☐ ☐ ☐ ☐ ☐ ☐ ☐
0   1   2   3   4   5   6   7   8   9   10

Gratidão antecipada

☐ ☐ ☐ ☐ ☐ ☐ ☐ ☐ ☐ ☐ ☐
0   1   2   3   4   5   6   7   8   9   10

PARA REFLETIR E RESPONDER

1. Qual é seu sonho master?

_____
_____
_____
_____
_____

2. Onde sua disciplina estará ancorada para atingi-lo?

_____
_____
_____
_____
_____

3. Como exercita ou vai passar a visualizar conscientemente seu sonho?

_____
_____
_____

4. O que tem feito ou fará para ativar a fórmula Ser, Fazer e Ter?

_____
_____
_____

5. E quanto à calibragem do ponto de atenção? Como se compromete com ela?

_____
_____
_____

6. Como se compromete a manter o olhar consciente?

_____
_____
_____

7. Como sua convicção pode melhorar?

_____
_____
_____

8. O que tem feito ou fará para ativar o mecanismo PPF?
_____
_____
_____
_____

9. Como está atuando ou vai reforçar o poder da proximidade?
_____
_____
_____
_____

10. Qual é ou será seu exercício de gratidão antecipada?
_____
_____
_____
_____

Após esse momento de consolidação, onde você refletiu sobre todos os princípios da mentalidade imparável, preparei um conteúdo que servirá como o próximo passo, o que você precisa fazer a partir das suas conclusões, e que disponibilizo no QR Code da página 159.

PALAVRAS FINAIS

AGORA É PARTIR PARA A PRÁTICA!

Durante todo o processo de construção do mecanismo das conquistas, no decorrer deste livro, uma preocupação me norteou. Eu não queria pessoas motivadas. É isso mesmo que você leu. Acho uma sacanagem, com o perdão da palavra, a gente ir a um evento, fazer um curso, ler uma obra como essa e apenas sair motivado. Logicamente o bom estado de ânimo é crucial para qualquer processo de mudança; é o que impulsiona a dinâmica. Só que sem continuidade não há transformação.

Portanto, seu papel é ter força de vontade e se empenhar diariamente para não deixar cair no esquecimento tudo que você aprendeu e construiu nesta jornada. Agora, mais do que nunca, são necessárias a sua autoconfiança e autorresponsabilidade. Disso eu não posso cuidar. Porém, se você tiver feito os exercícios propostos em cada capítulo, e aplicar tudo que ensinei, já tem na mão o GPS com a rota e as indicações de melhores caminhos a seguir. E isso é o que me faz ter segurança em afirmar que você não leu uma obra motivadora; você aprendeu algo que pode fazer a diferença na sua vida e é rotineiramente aplicável.

Para muitos empreendedores, a única coisa que falta para alcançar novos patamares de crescimento e lucro é assumir o poder de ser a pessoa conquistadora. Esse não é mais o seu caso. Você agora conhece elementos determinantes para atingir próximos níveis de crescimento e vitórias, e sabe como trabalhar com eles. Eu posso garantir, com base na minha própria experiência e na vivência das pessoas guiadas por mim no processo, que é totalmente possível manter a engrenagem de conquistas trabalhando a seu favor.

Para fechar esse circuito, vou falar sobre um último conceito, fundamental para um mecanismo vencedor operante e ativo. Trata-se de um processo de sugestão mental que consiste em implantar uma ideia, ou crença, na cabeça de um ser humano. Acredite. Isso está entre uma das coisas mais poderosas que existem, pois vale tanto para questões positivas, quanto negativas.

Quando ouvimos algo sobre nós – principalmente por parte de alguém a quem atribuímos autoridade – aquilo acaba ressoando em nossa cabeça. Ainda que esbravejemos, relutemos, por ser algo destrutivo, surge aquele pensamento: "Será que ele tem razão?".

Não é à toa que crenças de incapacidade e inferioridade, muitas vezes construídas no ambiente familiar, vão corroendo nossa estrutura mental e emocional. O grande porém é que o contrário também funciona. Se eu ouvir de alguém de alta referência que, em cinco ou dez anos, vou ser o maior nome do meu mercado, essa ideia fixada em minha mente me empodera e conduz naquela direção e, não tenha dúvida, faz a profecia acontecer.

Se já entendemos que o presente constrói o futuro, que tudo que se materializa existiu, antes, na esfera mental, e que a visualização bem conduzida torna reais nossas conquistas, também fica claro que a implementação de crenças positivas é um caminho para a manutenção no mecanismo das conquistas. Esse processo pode ser destruidor, se utilizado para o mal, mas incrivelmente potencializador de vidas imparáveis, sob o ângulo positivo.

É fundamental entender que sua mente precisa ser conscientemente sugestionada, a partir de crenças potencializadoras trabalhando a seu favor, fazendo sua máquina mental operar na direção das vitórias e conquistas. Lembra que traçamos a convicção como fator-chave do ciclo de conquistas? Sugestionar-se positivamente retroalimenta o mecanismo, mantendo você na rota. Assim, você não fica à mercê das sugestões impostas, abandona rótulos que vêm impedindo seu sucesso e se blinda contra as implantações de crenças que não colaboram.

Você deve ser quem implanta em sua mente aquilo que afirma, acredita e consequentemente vivencia. E esse será um ciclo vitorioso, poderoso e contínuo, se essa for sua decisão e escolha, como espero que aconteça. Agora está em suas mãos uma ferramenta poderosa para o seu processo de autossugestão mental. Ele deve se transformar na impulsionadora da sua capacidade e do quanto é possível crescer, se expandir, ir além.

Nada é por acaso e também não foi coincidência termos estabelecido conexão, assim como não foi à toa que essa leitura surgiu na sua vida neste exato momento. Não importa se você ganhou de presente, comprou, viu anúncio. Não existem coincidências, mas sincronicidades que nos levam a experiências e aprendizados para os quais estamos preparados.

Então, não permita que essa obra morra na sua mão, sem aplicação prática. Isso seria um desperdício. Aposto que há em você um poder subutilizado, e não posso aceitar que isso continue acontecendo. Cansei de ver essa situação ser o motivo de negócios e pessoas se manterem aquém dos resultados que podem alcançar. É algo que só acontece porque o mundo nos leva a acreditar que o processo de conquistas e sucesso acontece num caminho inverso ao que de fato constrói um percurso vitorioso.

Esse livro decreta o fim das pessoas e negócios reféns de si próprios e que, por isso, não crescem nem aceleram. Aqui eu deixo meu legado, e se você chegou até essas últimas páginas, já mostrou sua disposição em fazer seu negócio acelerar, crescer e lucrar mais. Cada palavra aqui escrita é como um fio invisível que nos liga – autor e leitor –, porque eu o pensei como um instrumento aplicável e que vai fazer parte da sua vida e da rotina de aceleração de resultados. Tenha certeza de que, desse lado, há alguém que acredita e torce demais por você. Juntos, nós construímos um conhecimento que pode levar você a lugares que talvez nem seria capaz de imaginar antes de iniciar essa leitura.

Para finalizar, diga a si mesmo: "Agora já sei o que me impedia de avançar, e escolho ativar o mecanismo das conquistas". Com essa postura realizadora e o método claro que tem em mãos, você já é imparável! Se imagine, de verdade, entrando na arena onde vai encontrar o que de mais grandioso já pôde experimentar, com meu total apoio e incentivo para a vitória. Foi uma honra ter você comigo por aqui. **Você é o segredo do seu negócio. Vá e faça acontecer!**

Durante todo o livro você foi presenteado com bônus e atividades exclusivas para atingir novos patamares e entrar de vez no mecanismo das conquistas. Para acessar esse conteúdo especial, basta apontar a câmera do seu celular para o QR Code ao lado.

Transformação pessoal, crescimento contínuo, aprendizado com equilíbrio e consciência elevada. Essas palavras fazem sentido para você? Se você busca a sua evolução espiritual, acesse os nossos sites e redes sociais:

Leia Luz – o canal da Luz da Serra Editora no YouTube:

Conheça também nosso **Selo MAP - Mentes de Alta Performance:**

No **Instagram**:

Luz da Serra Editora no **Instagram**:

No **Facebook**:

Luz da Serra Editora no **Facebook**:

Conheça todos os nossos livros acessando nossa loja virtual:

Conheça os sites das outras empresas do Grupo Luz da Serra:

luzdaserra.com.br

iniciados.com.br

luzdaserra

Luz da Serra®
EDITORA

Avenida Quinze de Novembro, 785 – Centro
Nova Petrópolis / RS – CEP 95150-000
Fone: (54) 3281-4399 / (54) 99113-7657
E-mail: loja@luzdaserra.com.br

Impressão e Acabamento | Gráfica Viena
Todo papel desta obra possui certificação FSC® do fabricante.
Produzido conforme melhores práticas de gestão ambiental (ISO 14001)
www.graficaviena.com.br